Nicole Stich

# Wie das duftet

Unwiderstehliche Backrezepte, die Sie ein Leben lang begleiten werden

# Inhalt


VORWORT
04

EINLEITUNG
08

SALZIG:
Brot & Brötchen
18

SALZIG:
Sattmacher
50

SALZIG:
Snacks
78

SÜSS:
Für den Frühstückstisch
104

SÜSS:
Kuchenklassiker
136

SÜSS:
Klein & fein
168

Register
194

Impressum
198

# „Das musst du im Gefühl haben!“

*Oder „Des muass'd im Gfüh' ham!“, wie meine Oma Luise gern sagte, wenn ich mal wieder versuchte, eine Semmel so gekonnt rund zu schleifen, wie sie es mir gezeigt hatte – für eine kaum Zehnjährige, die ihrer Oma beim Backen oft ein Loch in den Bauch fragte, war das eine höchst unbefriedigende Antwort. Heute benutze ich diesen Satz tatsächlich selbst und muss oft in mich hineinschmunzeln, weiß ich doch, dass er einem unerfahreneren Hobbybäcker nicht weiterhilft, aber auch, dass meine Oma natürlich recht hatte. Über Jahre hatte sie ihren Bruder in dessen kleiner Bäckerei unterstützt und sich ein untrügliches Gespür mit einem immensen Erfahrungsschatz in Sachen Teig erarbeitet, etwas, das man mit Worten alleine nicht abschließend weitergeben kann.*

Gerade in unserer schnelllebigen Zeit wird ein Rezept häufig als eine Art Automat verstanden: Wenn ich mich möglichst genau daran halte, dann kommt schon das perfekte Brot aus meinem Ofen. Leider stimmt das nur bedingt. Von der Auswahl der Zutaten über die Technik der Zubereitung spielen beim Backen so viele verschiedene Punkte eine maßgebliche Rolle, dass selbst ein erfahrener Hobbybäcker genug Möglichkeiten hat, es auch mal zu versemmeln.

Backen ist echtes Handwerk – etwas, das gelernte Bäcker über Jahre perfektionieren –, und erfordert neben dem Einsatz all Ihrer Sinne auch eine gewisse Fingerfertigkeit, Routine und eine große Portion Leidenschaft. Sind Sie aber bereit, sich in die Materie hineinzufuchsen, dann haben Sie sich eines der wunderbarsten Hobbys überhaupt ausgesucht: Sie können sich nicht nur unfassbar gut von Ihrer eigenen Hände Arbeit ernähren, sondern damit auch noch anderen Menschen eine große Freude bereiten!

In *Wie das duftet* finden Sie eine abwechslungsreiche Mischung meiner liebsten Backrezepte – quer durch alle Schwierigkeitsgrade und Teigarten – , manche davon begleiten mich schon über 30 Jahre und ich hoffe, dass sie auch Ihr Backrepertoire bereichern werden.

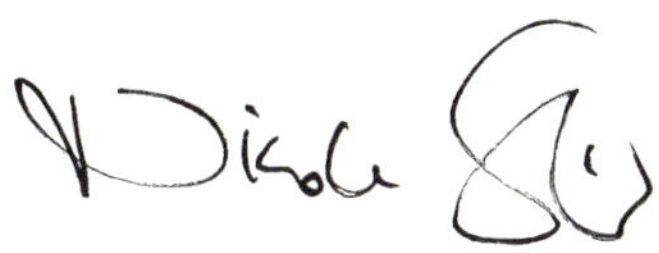

PS:
Wenn Sie etwas aus *Wie das duftet* nachgebacken haben, freue ich mich riesig über ein Foto davon! Posten Sie es gerne zusammen mit #wiedasduftetkochbuch auf Instagram, wo Sie mich unter @nicky_deliciousdays finden.

# Wie das duftet – kurz & knapp

## Zutaten

Im besten Fall schmeckt das, was Sie aus dem Ofen holen, noch viel besser als die Summe seiner einzelnen Zutaten. Dazu sollten Sie aber den Grundstein legen, indem Sie hochwertige Zutaten verwenden. Meine persönliche Maxime ist simpel: Das Beste, was man sich leisten kann, so regional und saisonal wie möglich, wenn erhältlich aus biologischem Anbau (bzw. biologischer Aufzucht). Mehr Details zu den am häufigsten verwendeten Zutaten finden Sie auf den nachfolgenden Seiten.

## Ausrüstung

Theoretisch lassen sich fast alle Teige von Hand zubereiten und trotzdem rangiert meine Küchenmaschine (eine 18 Jahre alte KitchenAid Artisan) unangefochten auf dem ersten Platz meiner meistgenutzten Küchengeräte (siehe Folgeseiten), sei es zum Steifschlagen von Eischnee oder zum Kneten von Brotteig. Wenn Sie gerne und häufig backen, eine Investition, die Ihr Backen maßgeblich verändern wird. Der Rest hängt von Ihrem Enthusiasmus ab, bei vielem lässt sich improvisieren. Manche Hobbybäcker besitzen zwei Backformen und rechnen jedes Rezept entsprechend um, während andere einen ganzen Schrank damit füllen können.

## Routine & Erfahrung

Erschließt man sich ein neues Themengebiet beim Backen, sei es Hefeteig oder Laminieren, lässt man sich schnell von Fachbegriffen und unbekannten Abläufen einschüchtern. Aber schon beim zweiten oder dritten Mal geht einem alles leichter von der Hand. Gerade Rezepte, bei denen es auf geübte Handgriffe ankommt, bedürfen regelmäßiger Wiederholung. Machen Sie sich das zunutze, planen Sie wöchentlich feste Backzeiten ein und etablieren Sie eine eigene Backtradition: Wenn es jeden Sonntagabend nach frisch gebackener Pizza duften würde, wäre das nicht ein willkommener Nebeneffekt?

## Neugierde & Ehrgeiz

Abgesehen von den wenigen Hobbybäckern, die ein natürliches Talent fürs Backen besitzen, bringen Nerds und ehrgeizige Menschen die besten Voraussetzungen für stetige Verbesserung mit. Denn wer neugierig ist, Prozessen gerne auf den Grund geht, bei Detailfragen automatisch Google ansteuert oder „Brötchen schleifen" direkt bei YouTube sucht, dessen Wissen wächst beständig und Zusammenhänge lassen sich so viel schneller erfassen. Hilfreich: Wer seine Fortschritte dokumentiert (ich nutze Evernote – eine digitale Notizverwaltung – und unzählige herkömmliche Notizbücher), der bekommt über die Jahre einen kostbaren Wissens- und Rezeptschatz.

## Durchhaltevermögen & Selbstvertrauen

Obwohl mich normalerweise bereits das Vorheizen meines Ofens in gute Laune versetzt, gibt es Tage, an denen will einfach nichts gelingen. Und spätestens wenn einem ein vertrautes Lieblingsrezept misslingt, zweifelt man endgültig an seinen Fähigkeiten. Das ist völlig normal und passiert von Zeit zu Zeit. Ob es nun an mangelnder Konzentration, Schludrigkeit oder ausgeprägter Backunlust lag, haken Sie es ab und versuchen Sie es an einem anderen Tag erneut. Weil eins ist ja wohl völlig klar: Natürlich kriegen Sie das gebacken ;)

# Backausrüstung – was brauchen Sie wofür?

*Es gibt perfekt ausgestattete Küchen, in denen vor allem die Mikrowelle ihren Dienst leistet, oder zusammengeschusterte bessere Abstellkammern, in deren Backöfen die tollsten Brote oder Kuchen gezaubert werden. Ohne den Menschen und seine Leidenschaft bringt die beste Ausrüstung wenig. Umgekehrt machen Sie es sich aber auch unnötig schwer, ein richtig gutes Backergebnis zu erzielen, wenn Ihnen die notwendigen Hilfsmittel fehlen. Ich habe mal zusammengefasst, was ich unerlässlich finde und regelmäßig nutze.*

## Küchenmaschine

Für mich unerlässlich, da sie Kneten und Aufschlagen von Teigen selbstständig – unter Aufsicht – erledigt, ganz im Gegensatz zum Handrührgerät, welches darüber hinaus bei schwerem Teig schnell aufgibt. Einer Anschaffung sollte eine realistische Einschätzung vorausgehen, wofür sie eingesetzt werden soll (welche Teige und Teigmengen) bzw. welche Zusatzfunktionen und Erweiterungen gewünscht sind. Online finden Sie hilfreiche Vergleichstests und Videos zu wirklich allen Marken, Maschinen und Ausführungen. Ich besitze eine 18 Jahre alte KitchenAid Artisan, die z. B. bei Brotteigen gerne kritisiert wird, dabei ist sie aber für mein Anforderungsprofil („vielseitiges Arbeitstier“) genau richtig und ich komme sehr gut mit ihr zurecht. Sinnvollste Zusatzanschaffung: Zweitschüssel.

Parallel dazu verwende ich einen Blitzhacker – meinen Pürierstab mit einer passenden Zusatzmixschüssel, in der ich vor allem Nüsse mahle und Butterstücke zerkleinere (etwa für Blitzblätterteig, Galetteteig oder Scones).

## Backstein & Brotschieber

Zum Brot- und Pizzabacken unerlässlich, gut aufgeheizt (mindestens 30 Minuten) ist der Backstein eine gleichmäßige Hitzequelle und verbessert Ofentrieb und Kruste enorm. Von Schamottstein über Cordierit und Gusseisen zu Backstahl gibt es eine breite Auswahl – ich nutze, nach den

Anfängen mit einem klassischen Schamottstein, seit vielen Jahren fast nur noch eine gusseiserne Platte. Diese lässt sich schnell aufheizen, ist pflegeleicht und sorgt für rundum tolle Ergebnisse.

Zum Einschießen (= das Backgut schwungvoll in den Ofen schieben bzw. rutschen lassen) auf den Backstein eignen sich ein Brotschieber oder ein randloses Blech mit Backpapier.

## Waage, Löffelwaage & Messlöffel

Für gleichbleibend gute Ergebnisse ist grammgenaues Abwiegen und deshalb eine zuverlässige Waage essenziell. Mit der Tara-Funktion lassen sich Zutaten praktisch direkt in die Schüssel zuwiegen, das spart Zeit und Abwasch. Inzwischen gibt es günstige, sehr genaue Waagen im 1-Gramm-Bereich, welche sich ohne Batterien betreiben und per USB-Kabel aufladen lassen.

Für Kleinstmengen ab 0,1 g (etwa für Hefe, Salz, Gewürze) sind sogenannte Löffelwaagen sehr praktisch. Alternativ nutzt man einen Satz Messlöffel (1 EL bis ⅛ TL).

## Ofenthermometer & Instant-Read-Thermometer

Mit einem kleinen Ofenthermometer zum Hängen lässt sich die tatsächliche Temperatur im Backofen nicht nur präzise kontrollieren, man bekommt auch ein besseres Verständnis von der tatsächlichen Hitzeverteilung im eigenen Ofen und kann gegebenenfalls gegensteuern.

Ein digitales Instant-Read-Thermometer ist eine kleine Wunderwaffe, wenn man sich nicht sicher ist, ob Brot oder Kuchen schon durchgebacken sind. Zum Ende der Backzeit wird der Temperaturfühler in die Mitte des Brotes gesteckt und bereits

nach wenigen Sekunden kann man die aktuelle Kerntemperatur ablesen. Darüber hinaus ermöglicht das Thermometer auch schnelles Messen von Wasser- und Teigtemperaturen.

## Backformen & Gitter

Ein Singlehaushalt und eine fünfköpfige Familie backen in unterschiedlichen Dimensionen, weswegen es schwer ist, mit einer Backformgröße alle glücklich zu machen. Hilfreich sind Onlinetools, mit denen sich jede erdenkliche Größe umrechnen lässt. (Googeln Sie „Backform-Umrechner“). Auch beim Material hat jeder individuelle Vorlieben. Ich backe nahezu ausschließlich in beschichteten Metall- oder Emailleformen. Mit einer Kasten- und einer Springform sind schon recht viele Rezepte machbar. Damit Gebäck oder

Brot beim Abkühlen nicht anfangen zu schwitzen, sollte man sie nach dem Backen (und einigen Minuten Wartezeit) aus der Backform auf ein Metallgitter stürzen bzw. setzen.

### Schüsseln & Teigbehälter mit Deckel

Mehrere kleine und große, am besten stapelbare Schüsseln für verschiedene (Vor-) Teigmengen, ich schätze den Klassiker „Margrethe", den es auch mit Deckel gibt. Dazu noch ein oder zwei größere rechteckige Plastikboxen zum Teigreifen im Kühlschrank. Außerdem eine Handvoll kleinerer Metallschüsselchen zum Vorbereiten oder Abwiegen („Mise en Place").

### Teigkarte

Absolut unerlässliches Hilfsmittel, das den Umgang mit – nicht nur – klebrigen Teigen erleichtert. Am liebsten arbeite ich mit einer Metallversion, mit der man nicht nur Teig gut von der Arbeitsfläche lösen, sondern auch Teiglinge abstechen kann. Eine abgerundete Silikonversion ist perfekt, um Teig rückstandslos aus einer Schüssel zu lösen oder um ihn zu falten.

### Timer

Unerlässlich zur Einhaltung von Back- und Kochzeiten, ich bevorzuge Timer mit großer Digitalanzeige und besitze mehrere, die sich auch umhängen lassen – hilfreich, wenn man die Küche verlässt. Wer eine Smartwatch besitzt, trägt die Timerfunktion bequem am Handgelenk.

### Rollholz, Abstandhalter & Backmatte

Inzwischen gibt es viele Varianten zum klassischen Nudelholz: Für genaues rechteckiges Ausrollen greife ich zu einem konisch geformtem Teigroller aus Metall, sonst zu einem grifflosen, hölzernen Stab. Mit Abstandhölzern lässt sich die Teigdicke millimetergenau festlegen, alternativ gibt es Teigroller mit aufsteckbaren Abstandsringen. Wer gerne auch mal am niedrigeren Esstisch Teig bearbeitet, dem sei eine XL-Backmatte ans Herz gelegt – im Nullkommanix ist alles wieder sauber.

### Speziell zum süßen Backen

Zum einheitlichen Portionieren von Keksen sind unterschiedlich große Eisportionierer praktisch. Feinmaschige Siebe helfen, Klümpchen aus Cremes zu entfernen. Silikonspatel erleichtern das Auskratzen von Schüsseln. Paletten dienen zum Einstreichen von Kuchen und Torten, Spritzbeutel mit verschiedenen Tüllen braucht man für Brandteig, Meringue oder Sahneverzierungen.

### Speziell zum Brotbacken etc.

Bäckerleinen und Gärkörbchen zum Gehenlassen der Teiglinge, einen Pulverstreuer zum Bestäuben mit Mehl, wiederverwendbare Plastikduschhauben zum Abdecken von Teigschüsseln (damit der Teig keine trockene Haut bildet). Eine Bäckerklinge („Lâme de Boulanger") zum Einschneiden, alternativ ein Messer mit Wellenschliff. Eine ofenfeste Metallschale, die zum Schwaden auf dem Ofenboden miterhitzt wird (zum Vergrößern der Oberfläche optional mit Lavasteinen gefüllt). Für Croissants oder Kouign Amann sind langes Lineal und Pizzacutter unerlässlich.

## Zutaten umrechnen

Was tun, wenn man ein Rezept nachbacken möchte, aber die eigene Springform (etc.) mehr als 1 – 2 cm von der angegebenen Größe abweicht? Erster Schritt, googeln Sie „Backform-Umrechner“ und geben Sie die Maße der geforderten Form und die Ihrer eigenen in ein solches Tool ein. Sie erfahren direkt, mit welchem Faktor Sie die Rezeptzutaten multiplizieren müssen. Beispiel: Ein für eine 25-cm-Springform ausgelegtes Rezept auf eine Form mit 20 cm Durchmesser umzurechnen, heißt, jede einzelne Zutat mit 0,64 zu multiplizieren. (Sonderfall Ei: Bei ursprünglich 4 Eiern wären das nur noch 2,56 – ich würde das dritte Ei verrühren und davon gut die Hälfte – 0,56 – verwenden, der Rest hält sich ein paar Tage im Kühlschrank.) Die Backzeit kann sich aufgrund des kleineren Volumens ein wenig verringern, deshalb sind allgemeine Kerntemperaturangaben (S. 9) so hilfreich – dieser Wert sollte unabhängig von der Backformgröße erreicht werden. Google kann Ihnen übrigens auch beim Umrechnen von Zutaten weiterhelfen, etwa wenn Sie ein amerikanisches Rezept mit Cups backen, aber Ihre Zutaten lieber abwiegen wollen. Googeln Sie Ihren Umrechnungswunsch und Ihnen wird geholfen: „Wie viel ist ½ Cup Mehl?“ – 64 g. „Wie viel ist ¼ Cup griechischer Jogurt?“ – 57 g.

## Mehl

Falls Sie bisher nur mit einem 405er-Mehl aus dem Supermarkt gebacken haben … es gibt noch so viel zu entdecken! Es gibt nicht nur verschiedene Mehltypen für unterschiedliche Einsatzbereiche (Weizenmehl Type 550, Tipo 00, Roggenmehl Type 1150, Vollkornmehl etc.), auch in Sachen Mehlqualität lohnt ein Blick über den Tellerrand. Kleine, regionale Mühlen (oft mit Onlineversand) bieten gute Mehle in Bio-Qualität an. Und ja, man schmeckt den Unterschied. Nur sollte man nicht vergessen, dass es sich um ein Naturprodukt handelt und sich selbst Mehle derselben Type von derselben Mühle je nach Ernte und Lagerzeit qualitativ unterscheiden können (etwa bei der Wasserbindung).

## Hefe

Ich bevorzuge frische Hefe, habe aber auch immer etwas Trockenhefe vorrätig, beides lagert im Kühlschrank. Grundsätzlich kann man beide Hefen recht problemlos austauschen – frische Hefe punktet mit ausgeprägterem Aroma, während Trockenhefe beim Trieb etwas langsamer in die Gänge kommt. Für 1 g Trockenhefe nimmt man die dreifache Menge frischer Hefe (3 g). Gerade für kleine Hefemengen lohnt sich die Anschaffung einer Löffelwaage. (Alternativ: Ein aus frischer Hefe gerolltes Kügelchen mit 1 cm Durchmesser wiegt etwa 1 g.)

Frische Hefe kann, muss aber nicht in Flüssigkeit aufgelöst werden, Trockenhefe verwendet man gemäß Packungsanweisung. Dabei darauf achten, dass die Hefe beim Ansetzen des Teiges nicht länger mit Zutaten über 45 °C in Kontakt kommt. Wer regelmäßig mit frischen Hefewürfeln arbeitet, der kennt das: Man wickelt den vor ein paar Tagen gekauften Würfel aus und er hat einen hellen Belag oder Flecken, die einen an der Verwendbarkeit zweifeln lassen. Seit ein paar Jahren wickele ich meine gekauften Hefewürfel zu Hause sofort ganz straff in Frischhaltefolie, bevor sie in den Kühlschrank wandern – für mich war das die Lösung.

## Salz

Wichtiges Thema, und höchst subjektiv: Was dem einen zu viel, ist dem anderen zu wenig! Schon wenige Gramm Unterschied können bei Selbstgebackenem, selbst bei eigentlich süßen Rezepten, das Urteil von „ja, schmeckt ganz gut“ zu „wow!“ verändern. Ich verwende ausschließlich Meersalz, finde es angenehmer und aromatischer im Geschmack (bei konventionellem Tafelsalz kann man die Salzmenge nach persönlichem Geschmack gegebenenfalls reduzieren). Wegen der geringen Mengen lohnt sich auch hier der Einsatz einer Löffelwaage, alternativ findet sich bei den Rezepten auch eine – abgerundete – Messlöffelmenge. Für Brote wird als Faustregel mit ca. 2 % Salz (bezogen auf die gesamte im Rezept verwendete Mehl- und Getreidemenge) gerechnet. Salz verändert aber auch, abhängig vom Zeitpunkt der Zugabe, die Elastizität des Teigs, verbessert Krume und Kruste.

### Wasser

Leitungswasser ist natürlich okay. Bei der Zugabe aber im Hinterkopf behalten, dass man damit auch geänderte Gärbedingungen ausgleichen kann. Soll ein Hefeteig bei Zimmertemperatur gehen, die im Sommer höher ist als sonst, kann man das durch kälteres Wasser etwas ausgleichen.

### Zucker

Neben dem klassischen weißen Zucker finden Sie verschiedene Rohrzucker in den Rezepten. Ausprobieren lohnt sich, sie sorgen für karamellige, malzige Noten.

### Backpulver & Backnatron

Die Wirkweise dieser Triebmittel ist nicht identisch, weswegen sie nicht beliebig austauschbar sind. Backnatron wird immer in Kombination mit säurehaltigen Zutaten verwendet. Auf Haltbarkeit achten.

### Malz

Gekeimtes Getreide, das abhängig von seiner Weiterverarbeitung und Wirkweise verwendet wird. Für den Hobbybäcker ist vor allem (inaktives) Gerstenmalz relevant, das es z. B. im Bio-Laden oder im Onlinehandel als sehr dickflüssigen Sirup gibt. Als Hefenahrung verbessert es die Triebkraft des Teigs, sorgt für eine dunklere Kruste und auch der Geschmack profitiert. Alternativ verwendet man Honig.

### Sauerteig

Dient nicht nur als Triebmittel sondern als nicht aufgefrischtes Anstellgut (ASG) auch nur als Geschmackszutat. Falls Sie noch keinen Sauerteig pflegen, aber neugierig geworden sind, empfehle ich Ihnen eines der unzähligen Onlinetutorials – üblicherweise dauert es ein paar Wochen, einen triebstarken Sauerteig zu züchten. Oder Sie hören sich im Bekanntenkreis um, Sauerteig lässt sich spielend vermehren und verschenken. Weitere Bezugsmöglichkeiten unter www.sauerteigboerse.de.

## Brot & Gebäck als Zutat

Hat einen die Backleidenschaft gepackt, bäckt man oft mehr, als man essen und verschenken kann. Älteres Brot oder Gebäck lässt sich aber noch vielfältig nutzen.

### SALZIG: Brot/Semmeln

Semmelbrösel: zum Panieren, für Fleischbällchen, Pangrattato, Gratinkruste

Würfel/Stücke: Croutons, Panzanella (Brotsalat), Strata (Brotauflauf), Kaspressknödel, Acquacotta (Gemüsesuppe)

Scheiben: Brotchips, Semmelknödel, Bruschetta

### SÜSS: Gebäck/Semmeln

French Toast, Brotpudding (z. B. Scheiterhaufen, Kirschenmichl), Semmelschmarrn, Om Ali (Croissant-Auflauf)

### SÜSS: Kuchen/Kekse

Cake-Pops, Granatsplitter, Rumkugeln, Pralinen, Trifle (Pudding-Schicht-Dessert), Cookies & Cream Eis

# Gut zu wissen – Brot & Hefegebäck

*„Wie das duftet" ist kein Grundlagenbackbuch. Trotzdem habe ich einige entscheidende Faktoren kurz erläutert – deren Verständnis ist wichtig, um Zusammenhänge besser zu verstehen und Ihr Backergebnis kontinuierlich zu verbessern.*

## Hot, hot, hot!

Temperatur ist eines der maßgeblichen Themen beim Brotbacken und bei der Teigzubereitung, sie beeinflusst die Teigqualität auf vielfältige Weise. Neben der normalen Backtemperatur (bei mir – wenn nicht anders angegeben – immer Ober- und Unterhitze, keine Umluft) spielen drei weitere Werte eine große Rolle:

Relativ einfach zu kontrollieren ist die optimale **Kerntemperatur** des Backguts, die – gemessen mit einem Instant-Read-Thermometer – darüber informiert, ob es durchgebacken ist. Je kleiner und luftiger das Backgut (etwa Brötchen oder Zimtschnecken), desto niedriger kann diese sein (90 – 92 °C). Kuchen und eher luftige Brote liegen ein wenig höher (93 – 95 °C), sehr kompakte, schwere Brotteige brauchen noch mehr (bis zu 98 °C). Klassisch werden Kuchen oft mit der Stäbchenprobe „gemessen": Klebt noch Teig am Stäbchen, ist das Backgut nicht durchgebacken.

Einen weiteren Wert, den man im Auge behalten sollte, ist die **Teigtemperatur** beim Kneten, da sich diese auch negativ auf Konsistenz und Reifung auswirken kann. Da der ideale Wert aber von vielen Faktoren abhängt (Teigart, Temperatur der Zutaten, Teigführung etc.) und nicht einfach zu beeinflussen ist (am deutlichsten über die Temperatur der zugegebenen Flüssigkeit), reicht für den Hobbybäcker schon das Wissen, dass Teig nicht zu warm geknetet werden soll: 27 °C sollte er beim Kneten nicht länger überschreiten, bei Kleingebäck dürfen es 2 – 3 °C weniger sein. Wird Teig beim Kneten regelmäßig zu warm, so kann man künftig die Temperatur der zugegebenen Flüssigkeit und die Knetgeschwindigkeit reduzieren.

Letzter Faktor ist die **Umgebungstemperatur,** welche die Dauer und Qualität der Teigreifung beeinflusst. Während es früher pauschal hieß: Hefeteig warm gehen lassen, hat sich inzwischen auch bei ambitionierten Hobbybäckern eine langsame Teigführung durchgesetzt. Kleinere Hefemengen und längere Gehphasen – oft über Nacht oder länger im Kühlschrank – verbessern Geschmack und Konsistenz merklich. Heißt es: Gehenlassen bei 18 oder 24 °C, kann man oft nur improvisieren (z. B. den Teig in einen kühleren Raum oder bei angeschalteter Ofenlampe in den Ofen stellen). Ist es wärmer, reift der Teig schneller, ist es kälter, dauert es länger.

## Kneten

Nach dem Vermengen der Zutaten wird weizenlastiger Brot- und Hefeteig in der Regel gut geknetet, die dabei entstehenden Glutenstränge bilden das notwendige Gerüst für ein ansprechendes Ergebnis mit gutem Ofentrieb und gleichmäßiger Krume. Grundsätzlich kann jeder Teig auch von Hand geknetet werden, allerdings sollte man dafür mindestens die doppelte Zeit einplanen – vorausgesetzt, man beherrscht eine gute Knettechnik. **Überhaupt sind angegebene Knetzeiten immer nur ungefähre Richtwerte.** Wirkt ein Teig nach dem ersten Vermengen (1 – 2 Minuten) in der Knetschüssel deutlich zu trocken, gibt man schluckweise mehr Flüssigkeit dazu. Hat man dagegen immer wieder Probleme mit zu weichen Teigen, behält man zu Beginn 1 – 2 EL der vom Rezept geforderten Flüssigkeit zurück. Danach wird er bei eher niedriger Geschwindigkeit so lange geknetet, bis er richtig elastisch und glatt ist – was bei jedem Teig z. B. auch von Mehlqualität, Hydration (Flüssigkeitsanteil) und Technik abhängt. Ist der Teig fertig geknetet, sollte ein sogenannter Fenstertest möglich sein: Wenn sich ein kleines Stück vom Teig mit den Fingern vorsichtig zu einer dünnen, annähernd durchsichtigen Teigmembran auseinanderziehen lässt, wurde ausreichend geknetet.

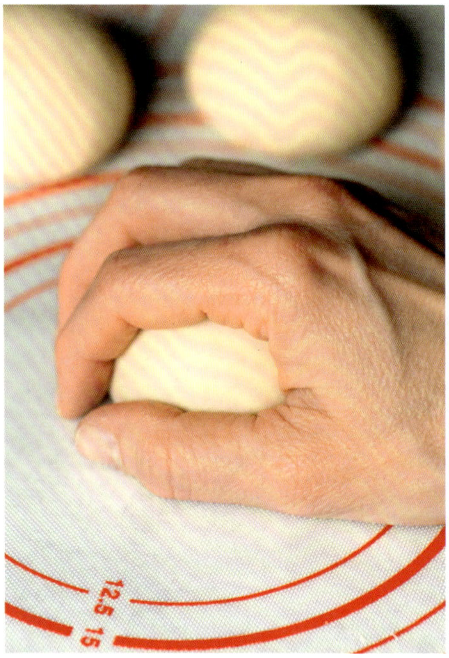


## Falten & Schleifen

Nein, Sie sind nicht in der Bastelabteilung gelandet – diese beiden Techniken stehen stellvertretend für professionelle Handhabung von Brot- und Hefeteig.

**Falten** – klassisch „stretch & fold" genannt – ist eine Technik, die weizenmehllastigen Teigen mehr Stabilität verleiht. Die meist bereits durch Kneten entstandenen Glutenstränge werden durch Dehnen und Falten des Teiges weiter gefestigt. Das Prinzip ist simpel, Teig wird „gedehnt" und übereinander „gefaltet", am einfachsten und unkompliziertesten direkt in der Teigschüssel: Den Teig von Hand – bei klebrigen Teigen geht das gut mit angefeuchteten Händen – am Rand fassen oder auch mit einer biegsamen Teigkarte hochziehen und diesen Strang über die Mitte legen, die Schüssel etwa um 90 °C weiterdrehen und wiederholen, insgesamt viermal, von jeder „Ecke" aus (manchmal faltet man auch zwei Durchgänge). Danach wieder abdecken und nach 30 – 60 Minuten wiederholen. (Andere Falttechniken heißen z. B. „coil fold" oder „lamination".)

**Schleifen** steht eigentlich für eine Technik des Formens, bei der Oberflächenspannung hergestellt wird. Nachdem der Teig in der Schüssel gereift ist (Stockgare), darf er, aufgearbeitet und geformt, ein zweites Mal gehen (Stückgare). Beim klassischen

Brötchenschleifen wird die Hand über ein grob rund geformtes, kleines Teigstück gelegt und mittels leichtem Druck und einer kreisenden Bewegung auf Spannung gebracht (Abb. S. 14). Die Arbeitsfläche muss dafür einen gewissen Grip haben, stark bemehlt funktioniert das nicht. (Eine simple Alternative: Das grob rund geformte, kleine Teigstück mit der glatteren Seite in eine Handfläche legen und den Teig mit der anderen Hand von außen – rundherum – zur Mitte falten, bis ein strammer Teigball geformt ist.)

Bei YouTube und Instagram finden Sie unzählige Videos zu beiden Themenkomplexen, die verschiedene Techniken sehr anschaulich darstellen – besser als es ein Buch je könnte.

## Endlich fertig?

Auch wenn es nicht immer einfach zu akzeptieren ist, Brot oder Hefegebäck geben vor, wann sie reif zum Backen sind. Das Dilemma: Hobbybäcker und Backgut sprechen nicht die gleiche Sprache, und es braucht einiges an Erfahrung, um ein Brot im perfekten Reifegrad in den Backofen zu schieben. Die zuverlässigste Methode ist ein simpler Fingertest: Den Teigling zum Ende der Stückgare hin behutsam mit einem Finger andrücken, springt der Teig direkt zurück, braucht er noch etwas (Untergare). Springt der Teig nur langsam und nicht vollständig zurück, ist er reif zum Backen. Springt er dagegen nicht mehr zurück, ist der optimale Zeitpunkt verstrichen (Übergare) und der Teigling wird im Ofen nicht mehr gut aufgehen.

## Machen Sie Dampf!

**Warum?** Vor allem für Brote und Brötchen ist Dampf ein weiterer unverzichtbarer Faktor, damit sie optimal gelingen. Das feuchte Ofenklima beim sogenannten Schwaden unterstützt den Ofentrieb des Teiglings, der zu Backbeginn nochmal deutlich sichtbar wird. Die Teigoberfläche bleibt feucht und geschmeidig, sie kann sich ausdehnen, ohne unkontrolliert aufzureißen, und das Brot kann gut aufgehen. Üblicherweise lässt man nach etwa 10 Minuten Backzeit den Dampf ab (= Entschwaden, dafür die Dampfschale entfernen und die Ofentür einmal vollständig öffnen) – nun entsteht langsam eine knusprige Kruste. Brote wie Focaccia oder Challah brauchen nicht geschwadet zu werden (ihre Oberfläche ist bereits feucht durch Öl oder Eistreiche und eine ausgeprägte Kruste ist nicht gewünscht).

**Womit?** Es gibt verschiedene Ansätze, vom Profigerät bis zur einfachen Blumenspritze, mit der man beim Einschießen des Brotes ein paar kräftige Wasserstöße an die Ofenwand spritzt. Ich praktiziere den populären Mittelweg und benutze eine ausrangierte Brownie-Backform (Metall), die durch die Hitze bereits so verzogen und uneben ist, dass sie problemlos auf dem Ofenboden stehen kann, ohne einen Hitzestau zu verursachen (wer sich um den Ofen sorgt, stellt die Schale z. B. auf ein unbeschichtetes Tortengitter aus Metall). Darüber hinaus ist meine Schale mit ein paar Lavasteinen (Baumarkt) gefüllt, sodass bei Wasserzugabe besonders schnell viel Dampf erzeugt wird.

**Wie genau?** Sobald man absehen kann, wann das Brot (etc.) in den Ofen kommen wird, diesen rechtzeitig zusammen mit der Dampfschale für mindestens 30 Minuten vorheizen. Etwa 125 ml kochendes Wasser bereithalten. Das Brot in den Ofen einschießen, Dampfschale etwas nach vorne ziehen und das kochende Wasser in die Schale bzw. über die Steine gießen. Lange Ofenhandschuhe sind hilfreich – seien Sie darauf gefasst, dass es ordentlich spritzt. Nicht erschrecken! Verbrennungsgefahr! Ofentür schnellstmöglich schließen, damit der entstehende Dampf im Ofen bleibt. Nach etwa 10 Minuten entschwaden, also Dampf ablassen, Schale entfernen und fertig backen.

# Checkliste – Wo genau hakt's?

*Ferndiagnosen sind schwierig. Deshalb ist es bei häufig auftretenden Problemen immer sinnvoll, nach dem Ausschlussverfahren zu kontrollieren, wo die Ursache liegen könnte. Konzentriertes Arbeiten und genaues Lesen eines Rezeptes sind dabei Grundvoraussetzungen, schon kleine Details können eine große Auswirkung haben.*

## Mein gebackener Kuchen löst sich nicht aus der Form.

Wurde die Form gut mit Butter ausgepinselt und bemehlt? Durfte der Kuchen nach dem Backen etwa 10 Minuten rasten, bevor er gestürzt wurde?

Jede Form – egal, ob sie beschichtet ist oder nicht – sollte bis in die letzte versteckte Ecke gleichmäßig mit weicher Butter eingestrichen und bemehlt werden (Reste kopfüber ausklopfen, alternativ eignen sich auch Semmelbrösel oder gemahlene Nüsse). Wer Zeit und Platz hat, stellt die so vorbereitete Kuchenform im Kühlschrank kalt, das festigt diese Schicht. Kastenformen lassen sich auch komplett mit Backpapier auslegen, der Kuchen kann damit nach dem Backen bequem herausgehoben werden.

Wenn's aber schon passiert ist: Die Form kurz in wenige Zentimeter heißes Wasser stellen (z. B. direkt in der Spüle).

## Mein Kuchen ist nicht durch oder braucht viel zu lange.

Zunächst sollten Sie die folgenden Fragen klären: Wurde der Ofen gut vorgeheizt und hat er die angezeigte Temperatur auch wirklich erreicht? Wurde die Ofentür zu oft geöffnet? Stimmen Backdauer und Temperatur mit den Angaben im Rezept überein? Hat die Backform die richtige Größe bzw. besteht sie aus einem gut leitenden Material?

Sofern das Problem bei verschiedenen Rezepten auftritt, handelt es sich wahrscheinlich um ein grundsätzliches Problem. Dann sollten Sie die Ofentemperatur unbedingt mit einem separaten Thermometer kontrollieren – denn die Anzeige des Ofens muss nicht mit der tatsächlich erreichten Temperatur im Ofen übereinstimmen – und eventuell können Sie ja auch eine andere Backform (aus einem anderen Material) ausprobieren, damit der Kuchen besser gelingt.

## Mein Kuchen ist zu trocken und zu dunkel.

Zu lange und/oder bei zu hoher Temperatur gebacken? Stimmt die angezeigte Ofentemperatur tatsächlich mit der Temperatur im Ofen überein? Zutaten richtig abgewogen? Zu wenig Flüssigkeit im Teig?

Passiert dies öfter, unbedingt die tatsächliche Ofentemperatur mit einem separaten Thermometer kontrollieren. Sonst würde ich den Kuchen mit einem Holzstäbchen löchern und – falls er bereits abgekühlt ist – mit angewärmtem Sirup, Saft oder einer Mischung daraus beträufeln. Ein Instant-Read-Thermometer hilft, mittels Kerntemperatur die optimale Backdauer zu bestimmen (S. 13).

## Mein Rührteig trennt sich.

Hatten alle Zutaten Zimmertemperatur? Passierte es nach Zugabe von Eiern, Säure oder Milchprodukten?

Egal warum, das Problem lässt sich einfach beheben, meist reicht schon die Zugabe von 2 EL Mehl (einfach von der später noch zuzugebenden Mehlmenge abzweigen). Kurz unterrühren und der Teig ist wieder schön glatt. Und weiter im Rezept.

## Mein Brot-/Hefeteig geht ÜBERHAUPT nicht auf.

War die Hefe noch haltbar und triebfähig? Hatte der Teig genug Zeit und die richtige Temperatur zum Aufgehen? War der Teig zu schwer/fettreich? Wurde die Hefe zu heiß?

Die möglichen Gründe sind tatsächlich vielfältig. Im Zweifel mit ganz frisch gekaufter Hefe (eventuell auch eine andere Marke) arbeiten. Darauf achten, dass die Hefe beim Ansetzen des Teiges nicht länger mit Zutaten von mehr als 45 °C in Kontakt kommt.

## Mein Brot-/Hefeteig ist zu weich und zu klebrig.

Wurden alle Zutaten korrekt abgewogen? Wurde der Teig lange genug geknetet, aber auch nicht überknetet? Wurde der Teig zu warm?

Je weniger Teigerfahrung man hat, desto mehr schreckt man vor weichen Teigen zurück, dabei können sie – richtige Bearbeitung vorausgesetzt – besonders gute Backergebnisse liefern. Teige mit hoher Hydration sind allerdings auch ohne vorangegangenen Fehler nicht ganz einfach zu formen. Versuchen Sie es statt mit Mehl mal mit einer befeuchteten Arbeitsfläche und nassen Händen!

## Mein Brot bekommt keine knusprige Kruste und bleibt zu hell.

Kam der Teigling bei hoher Temperatur (250 °C) in den Ofen? Wurde er auf einem mindestens 30 Minuten vorgeheizten Backstein gebacken, mit ordentlich Dampf und nach 10 Minuten entschwadet?

Diese drei Punkte (S. 13–15) sind absolute Grundvoraussetzung für eine rösche, gut gebräunte Kruste. Trotzdem lässt sich die Kruste noch weiter verbessern: Ist das Brot fertig gebacken (im Zweifel lieber ein paar Minuten länger als zu kurz!), den Ofen ausschalten und das Brot noch 10 Minuten im Ofen belassen. Durch einen eingeklemmten Kochlöffel in der Ofentür kann Feuchtigkeit entweichen – die Kruste wird fester und knuspriger.

## Mein Brot geht im Ofen nicht mehr auf oder läuft breit.

Das klingt nach Übergare, die letzte Gehphase war zu lang (eventuell auch zu warm), das Brot hat schlichtweg keine Power mehr, um weiter aufzugehen (S. 15).

# **SALZIG:**
# Brot & Brötchen

*Man kann trefflich darüber streiten, ob das Frühstück süß oder salzig sein muss, aber wer bei der ersten Mahlzeit des Tages ein Käsebrot mit röscher Kruste und eine saftige Schinkensemmel jedem süßen Gebäck vorzieht, der wird hier fündig: würzig-kernige Kornspitze, die belegt eine rustikale Brotzeit hergeben, ein wolken-luftiges japanisches Shokupan, für wirklich jeden Sandwichbelag, eine Kartoffelfocaccia, die nicht nur das Herz von BBQ-Fans höher schlagen lässt, allseits beliebte Kürbiskernkrustis, ein unwiderstehliches Sauerteigbrot aus dem gusseisernen Topf, flaumige Schleus' Semmeln im Fünferpack, Everything-Bagels mit Kühlschrankgare, persisches Fladenbrot mit zweierlei Topping, das Vollkornbrot für alle Fälle und Brotzeitstangerl, die sich nach Wunsch füllen lassen.*

# Kornspitze

*Es gibt fast keinen Ferienjob, den ich zu Schulzeiten nicht ausgeübt habe, von der Porzellanfabrik über die Tierhandlung bis zum CAD-Büro war alles dabei. Aber in besonders guter Erinnerung ist mir das Weidener Kulturamt geblieben, welches im prächtigen Alten Rathaus inmitten des weitläufigen Marktplatzes untergebracht war. Nicht zuletzt weil meine Chefin immer sehr genaue Vorstellungen von unserer Brotzeit hatte und mich jeden Vormittag zu einer anderen Bäckerei schickte. Für heutige Verhältnisse war die Auswahl zwar eher spartanisch, aber trotzdem gab es Neues zu entdecken, wie die ersten Kornstangerl – heute allgemein als Kornspitze bekannt. Selbst gebacken schmecken sie unvergleichlich gut, am liebsten rustikal belegt oder auch zu einer Kürbis- oder Kartoffelsuppe als Beilage serviert.*

5"
6"
7"
8"
9"
10"
11"
12"

# Kornspitze

### Zutaten für 10 Stück

**Brühstück**

1½ EL Sonnenblumenkerne (15 g)

1½ EL geschroteter Leinsamen (15 g)

2½ EL Altbrot/Semmelbrösel (20 g)

50 g Roggenschrot

2½ EL Gerstenmalzkaffee (z. B. Caro)

150 ml kochendes Wasser

**Teig**

125 ml kaltes Wasser (20 °C)

10 g frische Hefe

350–375 g Weizenmehl Type 550

30 g Roggen-ASG (TA200)*

2 TL feines Meersalz (12 g)

1 TL flüssiges Backmalz (7 g)**

optional: ½ TL Brotgewürz

Brühstück

10 g kalte Butter

**außerdem**

Mehl zum Bearbeiten

ca. 125 ml kochendes Wasser zum Schwaden

Aktiv: 45–60 Min.

Start-to-finish: ca. 3½ Std.

Backen: 17–20 Min.

Haltbarkeit: 2–3 Tage

### Zubereitung

**1.** Für das Brühstück (S. 24) die Sonnenblumenkerne und den geschroteten Leinsamen in einem kleinen Pfännchen rösten. Sobald sie beginnen zu bräunen, noch kurz die Semmelbrösel mitrösten. Mit den restlichen festen Zutaten in die Knetschüssel der Küchenmaschine geben, mit dem kochenden Wasser übergießen, gründlich durchrühren und mit Frischhaltefolie abgedeckt 1 Stunde quellen lassen. Ein Blech mit Backpapier auslegen.

**2.** Für den Teig das kalte Wasser mit der Hefe verrühren und samt restlicher Zutaten – außer der Butter – zum Brühstück hinzugeben. Bei niedriger Geschwindigkeit 3 bis 4 Minuten kneten – wenn nötig den Schüsselrand einmal abkratzen –, dann die Butter in kleinen Stückchen hinzufügen und weitere 5 bis 6 Minuten etwas schneller kneten. Der Teig ist eher zäh und ein wenig klebrig. Mit Frischhaltefolie abgedeckt etwa 30 Minuten gehen lassen.

**3.** Den Teig auf einer bemehlten Arbeitsfläche in 10 Stücke (etwa à 76 bis 80 g ) portionieren. Zu straffen Kugeln formen, rund schleifen (S. 14) und mit einem Tuch abgedeckt 10 Minuten entspannen lassen.

**4.** Auf der bemehlten Arbeitsfläche zu ovalen Teigfladen ausrollen (etwa 12 × 20 cm), mit Mehl bestäubt stapeln, dann von der kurzen Seite aus eng zu Stangen rollen. Die Enden ein wenig festzwicken, dann noch mal in Mehl rollen (gibt ein rustikales Aussehen) und mit dem Schluss nach unten auf das Blech setzen. Mit einem Tuch abgedeckt 30 bis 45 Minuten gehen lassen. Einen Backstein (2. Schiene von unten) und eine Dampfschale (Ofenboden) mindestens 30 Minuten auf 250 °C vorheizen und kochendes Wasser zum Schwaden (S. 15) bereithalten.

**5.** Die Kornspitze schwungvoll samt Backpapier auf den Backstein gleiten lassen, das kochende Wasser in die Dampfschale gießen (Vorsicht!) und die Backofentür schnell schließen. Nach 10 Minuten die Backofentür zum Entschwaden einige Sekunden öffnen, die Dampfschale entfernen, die Ofentemperatur auf 230 °C reduzieren und die Kornspitze in weiteren 7 bis 10 Minuten fertig backen (Kerntemperatur 90 bis 92 °C). Aus dem Ofen nehmen und auf einem Gitter abkühlen lassen.

* nicht aufgefrischt, direkt aus dem Kühlschrank (alternativ 15 g/ml mehr Mehl und Wasser)

** inaktives Gerstenmalz, alternativ Honig

# Shokupan – japanisches Sandwichbrot

### Zutaten für 1 Laib

**Yudane (Brühstück)**

50 g Weizenmehl Type 550

50 ml kochendes Wasser

**Teig**

Yudane

150 ml Milch (ca. 30 °C)

12 g frische Hefe

250 g Weizenmehl Type 550

25 g weißer Zucker

1 TL feines Meersalz (6 g)

20 g kalte Butter

**außerdem**

Butter für die Form

1–2 EL Milch oder geschmolzene Butter zum Einpinseln

Aktiv: 30–40 Min.

Start-to-finish: 12–14 Std.

Backen: 30–35 Min.

Haltbarkeit: 3–4 Tage

*Durch einen kleinen Kniff – im Japanischen „Yudane“, im Deutschen „Brühstück“ genannt – wird kochende Flüssigkeit mit der Stärke im Mehl verkleistert und so die Wasserbindung erhöht. Praktisch gesprochen: Mit einem Brühstück zubereitetes Brot bleibt länger saftig. Abgesehen davon ist das Shokupan ein himmlisch flaumiges Sandwichbrot, das bei uns mindestens jede zweite Woche gebacken wird. Schmeckt auch nach Tagen noch weich und saftig, getoastet oder ungetoastet.*

### Zubereitung

**1.** Da Yudane mehrere Stunden verquellen muss, am besten schon am Vorabend zubereiten – das dauert keine 3 Minuten. Dazu das Weizenmehl mit kochendem Wasser aufgießen, mit einem Silikonspatel verrühren oder, sobald es nicht mehr zu heiß ist, von Hand kurz glatt kneten. In Frischhaltefolie einwickeln und im Kühlschrank aufbewahren – dort hält es sich problemlos 2 bis 3 Tage.

**2.** Yudane am nächsten Morgen in die Knetschüssel zupfen, mit der leicht erhitzten Milch übergießen, außer der Butter die restlichen Zutaten dazugeben und auf niedrigster Stufe vermengen, dann etwas höher 5 bis 8 Minuten zu einem glatten Teig kneten. Die kalte Butter in kleinen Stückchen hinzufügen und weitere 4 bis 5 Minuten kneten. Der Teig glänzt, ist wunderbar elastisch, kann aber immer noch ein wenig klebrig sein. Mit Frischhaltefolie zugedeckt 1½ bis 2 Stunden reifen lassen, er verdoppelt sich dabei nicht, fühlt sich aber deutlich fluffiger an.

**3.** Eine Pullman-Form (21 × 12 × 11 cm, für 450 g Teig) oder eine ähnlich große Kastenform mit Butter einpinseln. Den Teig auf die leicht bemehlte Arbeitsfläche geben, Luft herausdrücken, zu zwei gleich großen Teigkugeln formen und mit einem Tuch abgedeckt 10 Minuten entspannen lassen.

**4.** Die Teigkugeln jeweils grob zu einem Rechteck (etwa 15 × 25 cm) ausrollen und dabei große Luftblasen zerdrücken, die langen Seiten zur Mitte einschlagen – auf die knappe Breite der Form –, dann locker zu zwei Schnecken aufrollen, und diese nebeneinander mit dem Teigschluss nach unten in die Form setzen. Mit Frischhaltefolie abgedeckt noch mal 1 bis 1½ Stunden gehen lassen, der Teig sollte mindestens um die Hälfte aufgehen.

**5.** Den Ofen auf 180 °C vorheizen. Das aufgegangene Brot mit Milch oder Butter einpinseln und auf der zweiten Schiene von unten (mit oder ohne Pullman-Deckel) in 30 bis 35 Minuten goldbraun backen (Kerntemperatur 93 bis 95 °C). Aus dem Ofen holen, 5 Minuten in der Form abkühlen lassen, dann stürzen und auf einem Gitter auskühlen lassen.

# Kartoffelfocaccia

*Focaccia hat in den vergangenen Jahren einen unglaublichen Hype in den sozialen Netzwerken erfahren, eignet sie sich doch perfekt als kreative Spielwiese. Vor allem gefärbte Teige (Safran, Kurkuma, Aktivkohle, Süßkartoffel, Butterfly Pea Flower, Rote Bete etc.) und mit allerlei Gemüsestückchen, Kräutern und Blüten nachgestellte Gemälde oder Blumenwiesen stehen nach wie vor hoch im Kurs. Mehr dazu finden Sie z. B. bei Instagram unter #flowerfocaccia, #focacciafriday oder#focacciaart.*

*Abgesehen vom unbestreitbaren optischen Reiz dieser kunstvollen Fladenbrote ziehe ich die einfache Kartoffelfocaccia, ohne mit der Wimper zu zucken, vor. Auch im Freundeskreis ist sie inzwischen so etabliert, dass ich gar nicht mehr ohne zu einer Grilleinladung erscheinen darf.*

# Kartoffelfocaccia

### Zutaten für 1 Stück

#### Teig

125 g gekochte Kartoffel (Sorte egal)

240–250 ml Wasser (25 °C)

3 g frische Hefe

200 g Weizenmehl Type 550

200 g Weizenmehl Tipo 00

1½ TL feines Meersalz (9 g)

#### außerdem

Olivenöl zum Bearbeiten

grobes Meersalz

optional: frischer Rosmarin

Aktiv: 20–30 Min.

Start-to-finish: 20–24 Std.

Backen: 15–20 Min.

Haltbarkeit: am besten frisch

### Zubereitung

**1.** Die (abgekühlte) Kartoffel mit einer Gabel gleichmäßig zerdrücken und abwiegen. Wasser und Hefe in der Knetschüssel der Küchenmaschine verrühren, dann außer Salz alle restlichen Zutaten hinzufügen und 4 bis 5 Minuten auf langsamer Stufe kneten. Salzen und weitere 5 bis 6 Minuten auf etwas höherer Stufe kneten – der Teig ist recht weich und klebrig. Inzwischen einen großen Behälter (2 l) samt Deckel mit Olivenöl auspinseln. Den Teig hineinfüllen und 18 bis 20 Stunden im Kühlschrank reifen lassen, auf eine Stunde hin oder her kommt es nicht an.

**2.** Den Teig aus dem Kühlschrank holen und 1 Stunde im Behälter (Deckel nur aufgelegt) akklimatisieren lassen. Ein Backblech mit Backpapier auslegen und dieses mit Olivenöl bestreichen – ich nehme die Hände dafür. Den Behälter umdrehen und den Teig behutsam in die Mitte des Blechs kippen, er löst sich – langsam – von selbst. Den Teig mit Olivenöl beträufeln, mit geölten Fingern einige Vertiefungen hineindrücken und die Focaccia dabei größer und in Form ziehen.

**3.** In 1 bis 2 Stunden weiter aufgehen lassen, da die Teigoberfläche gut geölt ist, braucht die Focaccia dabei nicht abgedeckt werden. Den Teig ein weiteres Mal mit Olivenöl beträufeln und wieder mit geölten Fingern einige Vertiefungen hineindrücken – dabei soll aber die typisch luftige Stuktur der Focaccia erhalten bleiben.

**4.** Den Ofen mit Backstein (2. Schiene von unten) rechtzeitig, mindestens 30 Minuten, auf 250 °C vorheizen. Focaccia noch mit Meersalz und optional mit frisch gehacktem Rosmarin bestreuen. Schwungvoll samt Backpapier auf den Backstein rutschen lassen und die Ofentür sofort schließen. Nach 5 Minuten die Temperatur auf 230 °C reduzieren und je nach Dicke in 10 bis 15 Minuten fertig backen. Ein paar dunkle Stellen sind völlig okay. Auf einem Gitter auskühlen lassen – aber unbedingt auch schon ein Stück lauwarm naschen!

### Tipp

Die grobe Formel für mich heißt: Ich setze den Teig etwa um dieselbe Zeit an, zu der ich die Focaccia am nächsten Tag aus dem Ofen holen möchte. Darüber hinaus können Sie den Teig sogar wie eine Pinsa formen, belegen und backen … oder Sie dritteln die Hefemenge und lassen den Teig zwei Tage im Kühlschrank …

# Kürbiskern-krustis mit Haferflocken

*Diese kernigen Semmeln, die nach Übernachtgare morgens nur noch in Form gestochen werden und nach einer Stunde Stückgare in den Ofen wandern, erlauben selbst dem Backoberhaupt der Familie einen recht gemütlichen Start in den Tag.*

## Zutaten für 9 Krustis

### Quellstück

50 g kernige Haferflocken

50 g Kürbiskerne

75 ml kaltes Wasser (20 °C)

### Hauptteig

10 g frische Hefe

325–350 ml kaltes Wasser (20 °C)

400 g Weizenmehl Type 550

50 g Weizenvollkornmehl

50 g Roggenmehl Type 1150

15 g Backmalz (alternativ Honig)

1¾ TL feines Meersalz (11 g)

1 EL kalte Butter

### außerdem

1 EL Öl zum Einpinseln

50 g Kürbiskerne für Topping

125 ml kochendes Wasser zum Schwaden

Aktiv: 30–40 Min.

Start-to-finish: 12–15 Std.

Backen: 18–22 Min.

Haltbarkeit: 2–3 Tage

## Zubereitung

**1.** Am Vorabend die Zutaten für das Quellstück in der Knetschüssel der Küchenmaschine mit einem Spatel verrühren und mit Frischhaltefolie abgedeckt 2 bis 3 Stunden bei Zimmertemperatur quellen lassen.

**2.** Später am Vorabend Hefe und kaltes Wasser verrühren, mit den restlichen Hauptteigzutaten zum Quellstück geben. Mit dem Knethaken vermengen, dann bei langsamer Geschwindigkeit 6 bis 8 Minuten kneten. Einen großen, flachen Behälter mit Deckel (am besten rechteckig, mindestens 2½ l) mit Öl einpinseln. Ich falte den klebrigen Teig noch zweimal (S. 14) mit einer abgerundeten Teigkarte, bevor ich ihn im Behälter zum Reifen für 8 bis 12 Stunden über Nacht in den Kühlschrank stellen.

**3.** Am nächsten Morgen ein randloses Blech oder einen Brotschieber mit Backpapier auslegen. Wer ein Bäckerleinen besitzt, bemehlt dieses, ansonsten kann man die Krustis direkt auf das Backpapier setzen. Die Arbeitsfläche gut bemehlen, Kürbiskerne fürs Topping grob hacken und in eine flache Schale geben.

**4.** Den Teig aus dem Kühlschrank kopfüber auf die Arbeitsfläche kippen – meist genügt es, wenn man ihn an einer Seite mit der Teigkarte lockert, dann löst er sich langsam. Mit bemehlten Händen behutsam (der Teig soll möglichst luftig bleiben) in eine rechteckige Form bringen (etwa 20 × 24 cm) und mit der Teigkarte 9 gleich große Rechtecke abstechen. Jedes Teigstück mit der klebrigen Oberseite in die Kürbiskerne drücken, dann mit Abstand zueinander auf das Bäckerleinen setzen (Kerne nach oben). Mit dem Leinen oder einem Geschirrtuch abdecken und mindestens 1 Stunde bei Zimmertemperatur gehen lassen.

**5.** Den Ofen mindestens 30 Minuten auf 250 °C vorheizen (Backstein 2. Schiene von unten, Dampfschale auf dem Boden, S. 15). Die gut aufgegangenen Semmeln mit bemehlten Händen oder einer Teigkarte mit Abstand auf das Backpapier umsetzen und die Krustis zusammen mit dem Backpapier schwungvoll auf den Backstein gleiten lassen. Kochendes Wasser in die Dampfschale gießen (Spritzgefahr!), die Ofentüre sofort schließen und 10 Minuten backen.

**6.** Die Ofentür nach 10 Minuten zum Entschwaden öffnen, die Dampfschale entfernen, Temperatur auf 225 °C reduzieren und in 8 bis 12 Minuten fertig backen (Kerntemperatur 90–92 °C). Aus dem Ofen nehmen und auf einem Rost abkühlen lassen.

# Topfbrot mit Sauerteig

*Die Inspiration für dieses Brot kommt von Lutz Geißler, der durch seine unermüdliche Leidenschaft für das Brotbacken maßgeblich dazu beigetragen hat, dass Hobbybäcker im deutschsprachigen Raum die Liebe zu selbst gebackenem Brot wiederentdeckt haben. Sein Blog (www.ploetzblog.de) und seine Brotbücher kann ich jedem, der tiefer ins Thema Brotbacken einsteigen möchte, sehr ans Herz legen.*

*Wir haben vor vielen Jahren mal bei einem bayerischen Mittagessen „Beim Sedlmayr" übers Brotbacken philosophiert – und nebenbei konnte ich all die banalen Fragen loswerden, die mich als blutige Brotbackanfängerin damals quälten. Das ist es auch, was ich Ihnen als Rat mitgeben kann, falls Sie noch nie ein Brot gebacken haben: Brotbacken ist eine spannende Reise und selbst nach vielen Jahren Erfahrung ist man keineswegs davor gefeit, nicht ab und zu ein enttäuschendes Brot aus dem Backofen zu holen. Aber die Katastrophen werden weniger und der Triumph, wenn man ein nahezu perfektes, wunderbar knuspriges Brot aus dem Ofen holt, wiegt jede Enttäuschung auf.*

*Man darf bei alldem nicht vergessen, dass ein ausgebildeter Bäcker viele Jahre Praxis in seinem Handwerk hat und jeden Tag Hunderte Brote und Brötchen formt – als Hobbybäcker, der vielleicht ein oder zwei Brote die Woche bäckt, sollte man sich also schon ein wenig Zeit geben, bis man mit allen Handgriffen vertraut ist und richtige Fortschritte macht. Bleiben Sie dran, es lohnt sich wirklich!*

# Topfbrot mit Sauerteig

**Zutaten für 1 Laib**

**Sauerteig**

50 g Weizenmehl Type 550

50 ml heißes Wasser (40 °C)

5 g Weizen-ASG (TA 200)

**Autolyseteig**

200 g Weizenmehl Type 550

100 g Weizenmehl Tipo 00 (alternativ Weizenmehl Type 1050 oder Weizenruchmehl)

175 ml heißes Wasser (40 °C)

**Hauptteig**

ca. 30 ml warmes Wasser (30 °C)

3 g frische Hefe

Sauerteig

Autolyseteig

1¼ TL feines Meersalz (8 g)

**außerdem**

Mehl für die Form

Aktiv: 30 - 45 Min.

Start-to-finish: 15 - 16 Std.

Backen: 40 - 50 Min.

Haltbarkeit: 4 - 5 Tage

**Zubereitung**

**1.** Am späten Abend den Sauerteig ansetzen: Dazu alle Zutaten in einer kleinen Schüssel verrühren und mit Frischhaltefolie abgedeckt über Nacht bei 25 bis 28 °C etwa 8 bis 10 Stunden reifen lassen. Wer wie ich keine Gärbox besitzt, stellt den Sauerteig am besten bei lediglich angeschaltener Beleuchtung in den Ofen.

**2.** Morgens alle Zutaten für den Autolyseteig in der Knetschüssel der Küchenmaschine mit dem Knethaken nur so lange vermischen, bis keine Mehlnester mehr zu sehen sind. Mit Frischhaltefolie abgedeckt 1 Stunde ruhen lassen.

**3.** Warmes Wasser mit der Hefe verrühren, zusammen mit dem Sauerteig zum Autolyseteig geben und 3 bis 4 Minuten auf niedriger Geschwindigeit kneten, dann das Salz hinzufügen und weitere 4 bis 5 Minuten kneten. Der zu Beginn noch fast flüssige Teig säubert zum Ende hin den Schüsselrand, ist wunderbar elastisch, aber noch recht klebrig. Zugedeckt 2 bis 3 Stunden gehen lassen (Stockgare). Um eine stabilere Struktur aufzubauen, wird er jede Stunde einmal gefaltet (S. 14).

**4.** Ein rundes Gärkörbchen (etwa 20 cm Durchmesser) gut bemehlen, alternativ eine Schüssel mit einem Geschirrtuch auslegen und dieses gut mit Mehl bestäuben. Den Teig auf der Arbeitsfläche zu einer straffen Kugel formen und mit Schluss nach oben ins Gärkörbchen setzen. Mit einem Tuch abgedeckt mindestens 1 Stunde reifen lassen, 30 Minuten vor dem Backen bereits den Ofen mit einem großen gusseisernen Topf auf 250 °C vorheizen.

**5.** Ein Brett mit Backpapier auslegen, umgedreht auf das Gärkörbchen legen, den Teig darauf stürzen und mit einem Brot-Lâme oder einem Messer mit Wellenschliff zwei- bis dreimal etwa 1 cm tief schräg einschneiden. Den vorgeheizten Topf aus dem Ofen holen (Vorsicht, heiß!), den Teig mit dem Backpapier in den Topf heben, Topf verschließen und sofort wieder in den Ofen schieben. Nach 15 Minuten auf 230 °C reduzieren, nach weiteren 15 Minuten den Deckel entfernen und in insgesamt 40 bis 50 Minuten knusprig braun backen (Kerntemperatur 93 bis 95 °C). Aus dem Ofen nehmen und auf einem Gitter vollständig auskühlen lassen.

# Schleus' Semmeln oder Pane Ticinese

### Zutaten für 2 kleine Laibe oder 10 Semmeln

**Poolish (Vorteig)**

80 g Weizenmehl (Type 550 oder 812)

80 ml Wasser (20 °C)

0,8 g frische Hefe

**Hauptteig**

Poolish

320 g Weizenmehl Type 550

170 ml Wasser (20 °C)

8 g frische Hefe

5 g flüssiges Backmalz (alternativ Honig)

1½ TL feines Meersalz (9 g)

20 g Butter in Stückchen

**außerdem**

ca. 125 ml kochendes Wasser zum Schwaden

Aktiv: ca. 30 Min.

Start-to-finish: 13 - 15 Std.

Backen: 18 - 24 Min.

Haltbarkeit: 2 Tage

*Die Lieblingssemmeln meiner Kindheit wurden als „eine Schleus" verkauft, hatten eine langfasrige, wattig-weiche Krume mit sehr heller Kruste. Die zu viert oder fünft aneinander gebackenen Brötchen stammten aus der Backstube meines Großonkels, der die einzige Bäckerei in einem winzigen Oberpfälzer Dorf betrieb. Wie groß war meine Begeisterung, als ich Jahrzehnte nach der allerletzten Schleus' Semmel feststellte, dass Pane Ticinese (Tessiner Brot) fast identisch schmeckt?*

### Zubereitung

**1.** Am Vorabend alle Zutaten für den Vorteig direkt in der späteren Knetschüssel glatt anrühren - ich verwende dazu am liebsten einen Silikonspatel. Mit Frischhaltefolie abdecken und bei Zimmertemperatur 10 bis 14 Stunden reifen lassen.

**2.** Am nächsten Tag zum blasigen Vorteig alle weiteren Zutaten hinzufügen und mit dem Knethaken auf niedrigster Stufe zu einem Teig verarbeiten. Weitere 8 bis 10 Minuten eine Stufe höher kneten, bis sich der Teig von der Schüsselwand gelöst hat (er wird noch ein wenig klebrig sein).

**3.** Die Schüssel wieder mit Frischhaltefolie abdecken und mindestens 1½ Stunden aufgehen lassen, dabei nach 30 Minuten und nach 1 Stunde einmal rundherum falten („stretch & fold", S. 14), damit der Teig mehr Stabilität bekommt: Den Teig am Rand fassen, hochziehen und diesen Strang über die Mitte legen, die Schüssel um 90 °C weiterdrehen und wiederholen, insgesamt viermal, von jeder „Ecke" aus. Danach wieder abdecken.

**4.** Nun 10 Teiglinge (à 68 bis 70 g) abwiegen. Mit wenig Mehl zu kleinen Bällen formen und mit einem Tuch abgedeckt 10 Minuten entspannen lassen. Ein Backblech mit Backpapier auslegen. Jeden Teigball flach drücken und länglich formen,

**5.** Jeweils 5 geformte Semmeln mit der Längsseite zueinander auf das Blech setzen (beide 5er-Laibe passen mit Abstand auf ein Blech) - die einzelnen Teiglinge sollen sich dabei kaum berühren, da sie noch aufgehen werden. Mit einem Tuch abgedeckt etwa 30 Minuten gehen lassen. Den Ofen mit einem Backstein (Ofenmitte) sowie einer Dampfschale auf dem Ofenboden auf 220 °C vorheizen (S. 15).

**6.** Die aufgegangenen Laibe der Länge nach mittig etwa 1 cm tief einschneiden, ein Messer mit Wellenschliff funktioniert hier gut. Beide Pane Ticinese beherzt mit dem Backpapier auf den Backstein gleiten lassen, das kochende Wasser in die Dampfschale schütten und die Backofentür sofort schließen. Nach 10 Minuten entschwaden und in 18 bis 24 Minuten goldbraun backen. Aus dem Ofen nehmen und auf einem Rost auskühlen lassen.

# Bagels

*Meine Liebe zu Bagels begann 1999. Mein Lebensgefährte arbeitete damals in Atlanta und ich hatte es mir zur Aufgabe gemacht, die US-amerikanische Küche zu entdecken. Everything oder Asiago Cheese Bagels mit Jalapeño Spread bei Einstein Brothers waren damals meine liebste Brotzeit, und ich schätze diese Kombination noch heute – leider bekommt man sie, nach einem vorübergehenden Bagel-Hype, hierzulande nicht mehr so einfach. Also bleibt nur eins: Selbst backen!*

*Im Gegensatz zu anderen Backwaren ist Bagelteig – und natürlich auch der gebackene Bagel – deutlich fester und zäher (Hydration unter 58 %), weswegen die Küchenmaschine beim Kneten schon ein wenig gefordert wird. Ansonsten ist dieser beliebte jüdische Teigkringel gar nicht schwer zuzubereiten – von kleinen Stolperfallen abgesehen: Nach dem Brühen der Bagels ist es nicht ganz einfach, sie in den Ofen zu bugsieren, sie durchfeuchten das Backpapier und kleben daher schnell am Blech. Ich behelfe mir mit Maisgrieß, in den ich die Unterseite der gebrühten Bagels dippe. Die Unterseite wird so nicht nur herrlich knusprig, die Bagels kleben auch weniger. Außerdem sollte man sie gebrüht nicht lange liegen lassen, sonst gehen sie im Ofen nicht mehr so gut auf.*

# Bagels

### Zutaten für 8 Stück

#### Teig

10 g frische Hefe

275 ml Wasser (20 °C)

500 g Weizenmehl Type 550

1 EL flüssiges Backmalz (passives Gerstenmalz, alternativ Honig)

1 ¾ TL feines Meersalz (11 g)

#### Topping

wahlweise Sesam, Mohn, geriebener Käse (Asiago oder Gouda), Everything-Mix* etc.

#### außerdem

1–2 EL Backmalz und Wasser zum Brühen der Bagels

optional: 3–4 EL Maisgrieß

ca. 125 ml kochendes Wasser zum Schwaden

Aktiv: ca. 45 Min.

Start-to-finish: 9–11 Std.

Backen: 15–18 Min.

Haltbarkeit: 2–3 Tage

### Zubereitung

**1.** Hefe und Wasser in der Rührschüssel der Küchenmaschine vermischen, mit Mehl und Backmalz auf niedriger Stufe 4 bis 5 Minuten kneten. Nun das Salz dazugeben und weitere 8 bis 10 Minuten kneten. Der Teig ist recht fest und klebt kaum. Zu 8 Teigstücken (etwa à 100 g) portionieren, daraus straffe Kugeln mit Schluss nach unten formen und unter Frischhaltefolie oder einem feuchten Tuch 10 Minuten entspannen lassen. In der Zwischenzeit eine große Plastikbox (oder Pizzabox, mindestens 30 × 40 cm) bereitstellen, sowie Backpapier und Schere.

**2.** Mit dem Daumen ein Loch in die Kugelmitte drücken und behutsam mit beiden Händen weiter dehnen (1). Ich setze jeden fertigen Bagel auf ein Quadrat aus Backpapier und trenne sie in meiner Box mit Backpapierstreifen, so lassen sie sich nach dem Gehen leichter entnehmen, ohne ihre Form zu zerstören (2). Abgedeckt 8 bis 10 Stunden im Kühlschrank reifen lassen.

**3.** Den Ofen mit Backstein (oder umgedrehtem Backblech) mindestens 30 Minuten auf 240 °C vorheizen, Dampfschale auf dem Ofenboden miterhitzen (S. 15). Ein randloses Backblech oder einen großen Brotschieber mit Backpapier auslegen.

**4.** Zum Brühen der Bagels Wasser mit Backmalz – etwa 1 EL auf 1 ½ l Wasser – in einem großen weiten Topf aufkochen, dann die Hitze so weit reduzieren, dass das Wasser nur noch köchelt. Je nach Topfgröße 2 bis 4 Bagels gleichzeitig brühen, etwa 30 Sekunden von jeder Seite – das Backpapier lässt sich übrigens im Wasser ganz leicht abziehen (3). Mit einem Schaumlöffel herausnehmen, abtropfen lassen, wer mag, drückt sie mit der Unterseite in Maisgrieß (wird besonders knusprig). Auf das vorbereitete Backpapier setzen und mit dem gewünschten Topping bestreuen, solange sie noch feucht sind (4).

**5.** Die Bagels schwungvoll auf den Backstein gleiten lassen, das kochende Wasser in die Dampfschale gießen (Vorsicht!), die Ofentür schnell schließen. Nach 10 Minuten zum Entschwaden kurz öffnen und die Dampfschale entfernen. In weiteren 5 bis 8 Minuten goldbraun backen (Kerntemperatur 90 bis 92 °C). Herausnehmen und auf einem Gitter auskühlen lassen. Sie schmecken frisch und aufgetoastet.

* Das Topping für die populären Everything Bagels lässt sich ganz einfach mischen: 1 TL Fleur de Sel, ½ EL schwarzer Sesam, 1 ½ EL weißer Sesam, 1 EL Mohn, 1 EL gehackte Röstzwiebeln.

#### Tipp

Mein liebster Jalapeño-Aufstrich ist nichts für zarte Gemüter: 75 g eingelegte Paprikaschote pürieren und mit 175 bis 200 g Frischkäse, 1 bis 2 EL gehackten eingelegten Jalapeñoscheiben, 1 TL Worcestershiresauce, feinem Meersalz und frisch gemahlenem schwarzen Pfeffer verrühren und abschmecken.

1

2

3

4

# Persisches Fladenbrot

*Das iranische Brot Barbari (auch Nan-e Barbari) ist ein gutes Beispiel dafür, wie genau man es mit dem Brotbacken nehmen kann. Liest man sich ein wenig ein, stößt man schnell auf wissenschaftlich anmutende Abhandlungen über das vor allem im Nahen Osten traditionelle Fladenbrot, die zehn Seiten und mehr umfassen und selbst das kleinste Detail ausführlich diskutieren. Eine wahre Fundgrube für leidenschaftliche Brotbäcker!*

*Für den Alltag darf es aber gerne eine Kurzfassung dieses Rezeptes sein – das schmeckt immer noch sagenhaft gut und lässt sich mit wenig Aufwand für den Grillabend vorbereiten.*

# Persisches Fladenbrot

**Zutaten für 2 Stück**

**Teig**

180 - 200 ml kaltes Wasser (20 °C)

10 g frische Hefe

30 g Weizen-ASG (TA 200)*

300 g Weizenmehl Type 550

1¼ TL feines Meersalz (7 g)

**Mehlstreiche (roomāl)**

½ TL Weizenmehl Type 550

3 EL kaltes Wasser

**Topping**

heller Sesam

Schwarzkümmel

**außerdem**

ein paar Tropfen Olivenöl

Semola Rimacinata, Kleie oder Mehl zum Bearbeiten

Aktiv: 20 - 30 Min.

Start-to-finish: 3 - 3½ Std.

Backen: 10 - 14 Min.

Haltbarkeit: frisch

**Zubereitung**

**1.** Für den Teig das Wasser (erst nur 180 ml) mit der Hefe und dem Weizen-Anstellgut in der Knetschüssel der Küchenmaschine verrühren, das Mehl hinzufügen und 4 bis 5 Minuten mit niedriger Geschwindigkeit kneten (wirkt der Teig zu trocken, schon zu Beginn esslöffelweise mehr Wasser zufügen). Dann erst das Salz dazugeben und weitere 5 Minuten kneten, der Teig sollte geschmeidig und leicht klebrig sein. Mit geölten Händen zu einer Kugel formen und mit Frischhaltefolie abgedeckt in 1 bis 1½ Stunden zu doppelter Größe aufgehen lassen.

**2.** Inzwischen die Mehlstreiche zubereiten: Dafür Mehl und kaltes Wasser in einem (sehr) kleinen Topf glatt rühren, unter Rühren erhitzen und kurz aufkochen lassen. Vom Herd nehmen, in ein kleines Schüsselchen umfüllen, ein Stück Frischhaltefolie auf die Oberfläche drücken und abkühlen lassen.

**3.** Die Luft aus dem Teig drücken, ihn auf einer großzügig bemehlten Arbeitsfläche halbieren, dann jede Hälfte mit den Fingern zu gut handtellergroßen länglichen Fladen vorformen und mit einem Geschirrtuch bedeckt 30 Minuten ruhen lassen. Ein randloses Backblech oder einen Brotschieber mit Backpapier auslegen.

**4.** Die Unterseite der beiden Fladen nochmals ausgiebig bemehlen, dann behutsam über den Handrücken in Form dehnen und auf das Backpapier setzen. Nun die Fingerspitzen in die Mehlstreiche tauchen, damit mehrere parallele Linien in den Teig drücken und ihn so weiter in Form bingen. Mit wenig Sesam und Schwarzkümmel bestreuen und mit einem Tuch abgedeckt ein letztes Mal, 30 bis 45 Minuten, gehen lassen.

**5.** Rechtzeitig, mindestens 30 Minuten lang, den Ofen inklusive eines Backsteins (2. Schiene von unten) auf 240 °C vorheizen. Die Fladenbrote zusammen mit dem Backpapier auf den Backstein rutschen lassen und in 10 bis 14 Minuten luftig und golden backen. Herausnehmen, auf einem Gitter auskühlen lassen und am besten noch leicht warm essen.

* Nicht aufgefrischt, aus dem Kühlschrank. Das Anstellgut dient nur als Geschmacksgeber und kann durch 15 ml Wasser und 15 g Weizenmehl Type 550 ersetzt werden.

**Tipp**

Traditionell wird der klebrige Teig für dieses Fladenbrot auf Weizenkleie geformt. Da ich Semola Rimacinata (sehr feiner italienischer Hartweizengrieß) aber ohnehin immer zum Formen von Pizza & Co. zu Hause habe, ist es inzwischen mein Standardmehl für „sticky situations“ jeder Art geworden ...

# Kerniges Vollkornbrot

*Saftig, knusprig, kernig – einfach die perfekte Grundlage für ein herzhaftes Schinken- oder Käsebrot. Unkompliziert zuzubereiten und seit Jahren unter den Top fünf meiner meistgebackenen Brote.*

**Zutaten für 1 Laib**

**Sauerteig**
40 g Roggen-ASG (TA 200)
100 g Roggenvollkornmehl
100 ml Wasser (25 °C)

**Brühstück**
175 g Roggenschrot
75 g Semmelbrösel
1 EL Gerstenmalzkaffee (z. B. Caro)
2 TL feines Meersalz (11 g)
275 ml kochendes Wasser

**Hauptteig**
50 g Sonnenblumenkerne
10 g frische Hefe
50 ml kaltes Wasser (20 °C)
Brühstück
Sauerteig
100 g Weizenmehl Type 1050
100 g Vollkornweizenmehl

**außerdem**
1–2 TL Butter für die Form
60–75 g Sonnenblumenkerne

Aktiv: 20–30 Min.
Start-to-finish: ca. 12 Std.
Backen: 45–55 Min.
Haltbarkeit: 4–5 Tage

**Zubereitung**

**1.** Am späten Vorabend die Sauerteigzutaten in einer kleineren Schüssel verrühren und mit Frischhaltefolie abgedeckt etwa 8 bis 10 Stunden bei angeschaltener Ofenlampe reifen lassen (eine Temperatur von 25 bis 28 °C ist perfekt). Alle festen Zutaten des Brühstücks in der Knetschüssel der Küchenmaschine vermischen, mit kochendem Wasser übergießen und mit einem Spatel durchrühren. Mit Frischhaltefolie abgedeckt ebenfalls 8 bis 10 Stunden quellen lassen. Die Sonnenblumenkerne für den Hauptteig anrösten, bis sie ein wenig Farbe bekommen, dann zur Seite stellen.

**2.** Am nächsten Morgen für den Hauptteig Hefe und Wasser verrühren und zusammen mit allen restlichen Teigzutaten zum Brühstück in die Knetschüssel geben. Mit dem Knethaken erst langsam vermengen, dann etwas schneller 4 bis 5 Minuten kneten. Dabei – wenn nötig – mehrfach den zähen Teig am Rand mit einem Spatel hinunterschieben. Inzwischen eine Kastenform (etwa 25 × 10 cm) mit Butter einpinseln oder mit Backpapier auskleiden.

**3.** Den Teig auf einer befeuchteten Arbeitsfläche mit nassen Händen zu einer dicken Rolle (Länge der Kastenform) formen und in den Sonnenblumenkernen rollen, je gleichmäßiger, desto besser. In die vorbereitete Form setzen und mit Frischhaltefolie abgedeckt mindestens 1 Stunde gehen lassen.

**4.** Rechtzeitig den Ofen auf 250 °C vorheizen. Das Brot der Länge nach mit einem geriffelten Messer etwa 1 cm tief einschneiden und auf der zweiten Schiene von unten backen. Nach 10 Minuten die Temperatur auf 220 °C reduzieren und in 35 bis 45 Minuten fertig backen (Kerntemperatur 95 °C) und aus dem Ofen nehmen.

**5.** Für eine besonders knusprige Kruste – lässt sich auch bei anderen Broten anwenden – das Brot direkt aus der Form nehmen, den Ofen ausschalten und zum Nachbacken für 5 bis 10 Minuten zurück in den Ofen (auf den Rost) stellen. Dabei einen Kochlöffel in die Tür klemmen, damit diese leicht offen steht und Feuchtigkeit entweichen kann.

# Brotzeit-stangerl

*Mit dem Vormarsch von Discount-Backshops und Supermarkt-Backecken sind leider viele kleine Bäckereien verschwunden. Und weil ich tatsächlich für jedes Backgut eine Lieblingsbäckerei habe - da die Kaisersemmeln, dort die Croissants, hier die Bauernkruste ... - , fehlte mir schon länger eine Quelle für würzige Speck- oder Brotzeitstangerl. Selbst backen war die Lösung!*

### Zutaten für 6 Stück

**Poolish (Vorteig)**

100 g Weizenmehl Type 550

100 ml Wasser (20 °C)

0,5 g frische Hefe

**Teig**

110-125 ml Wasser (20 °C)

4 g frische Hefe

Poolish

225 g Weizenmehl Type 550

50 g Weizenmehl Type 1050

1 TL flüssiges Backmalz (alternativ Honig)

1½ TL feines Meersalz (9 g)

10 g kaltes Speckfett*

**Füllung**

100 g Bauchspeck oder geräucherte Schinkenscheiben

50 g geriebener Gouda

**Topping**

geriebener Gouda, Brezensalz, Kümmel oder Mohn

**außerdem**

125 ml kochendes Wasser zum Bedampfen

Aktiv: 35-45 Min.

Start-to-finish: 12-14 Std.

Backen: 16-18 Min.

Haltbarkeit: 2-3 Tage

### Zubereitung

**1.** Am Vorabend alle Poolishzutaten in einer kleineren Schüssel verrühren und mit Frischhaltefolie abgedeckt 8 bis 10 Stunden bei Zimmertemperatur reifen lassen.

**2.** Am nächsten Morgen 110 ml Wasser mit der Hefe verrühren und mit den restlichen Zutaten erst langsam vermengen, dann auf etwas höherer Stufe kneten. Wirkt der Teig zu trocken, das restliche Wasser dazugeben. Nach 5 bis 6 Minuten sollte der Teig die Schüssel gesäubert haben, geschmeidig-fest sein und nur minimal kleben. Mit Frischhaltefolie abgedeckt 1 bis 1½ Stunden gehen lassen. Ein randloses Backblech oder einen Brotschieber mit Backpapier auslegen.

**3.** Den Teig in 6 Portionen (etwa à 100 g) zu straffen Kugeln formen und abgedeckt 10 Minuten entspannen lassen. Dann auf einer bemehlten Arbeitsfläche zu länglichen Fladen ausrollen (etwa 14 × 28 cm) und nach Wunsch belegen: mit abgekühlten ausgelassenen Speckwürfeln oder Schinkenscheiben und geriebenem Gouda. Die Längsseiten 1 bis 2 cm einklappen, straff aufrollen, das Ende mit den Fingern festzwicken und mit beiden Händen noch etwas dünner rollen. Abgedeckt 45 bis 60 Minuten auf dem Backpapier gehen lassen.

**4.** Den Ofen mit Backstein (2. Schiene von unten) und Dampfschale auf dem Boden mindestens 30 Minuten auf 250 °C vorheizen. Stangerl mit Wasser bestreichen oder besprühen, mit Käse oder Gewürzen nach Wahl bestreuen und schwungvoll samt Backpapier auf den Backstein rutschen lassen, das kochende Wasser direkt in die Dampfschale gießen (Vorsichtig!) und die Ofentür sofort schließen.

**5.** Nach 10 Minuten die Dampfschale entfernen und die Temperatur auf 230 °C reduzieren. In weiteren 6 bis 8 Minuten goldbraun backen. Aus dem Ofen nehmen und auf einem Gitter vollständig auskühlen lassen.

* Ich sammle immer Fettreste von ausgelassenen Speckwürfeln in einem kleinen Einmachglas im Kühlschrank. Alternativ kann man aber auch Butter verwenden.

# **SALZIG:** Sattmacher

*Ob Sie sie mittags oder abends servieren, bleibt Ihnen überlassen – in jedem Fall gehören zu den Sattmachern ein paar echte Crowd-Pleaser: Die Pizza neapolitanischer Art kommt mit nur vier Zutaten aus und wird mit ein paar Tricks selbst im normalen Haushaltsofen „buonissima!". Pinsa, die neuere Pizzavariante, überzeugt mit einigen ausgefallenen Mehlsorten, zweierlei Gemüsestrudel mit hauchdünn ausgezogenem Teig, indische Naan-Fladenbrote mit einer spicy Kartoffelfüllung und der Herbstklassiker Zwiebelkuchen mit einem schnellen Quark-Öl-Teig. Genauso lieben werden Sie die hackfleischgefüllten türkischen Pide oder die extravagante Curry-Karotten-Galette. Und der hefelose Flammkuchen ist der wahrscheinlich schnellste und knusprigste, den Sie je backen werden!*

# Curry-Karotten-Galette

*Der Übergang von Galette zu Tarte und Quiche ist fließend, im Grunde sind sie sich sehr ähnlich. So viel ist sicher: Was Freestyle auf einem Blech gebacken wird und umgeklappte Teigränder hat, fällt in die Sparte Galette. Frischen Wind bekommt sie durch die ungewöhnliche Verwendung der Karotten – in hauchdünne Streifen geschält – und eine feine Currynote.*

# Curry-Karotten-Galette

### Zutaten für 6 Portionen

**Teig**

140 g Weizenmehl Type 405
15 g geriebener Parmesan
½ TL weißer Zucker
½ TL feines Meersalz (3 g)
90 g sehr kalte Butter
60 ml eiskaltes Wasser

**Gemüse**

4–5 große (Ur-)Karotten
1 große Zwiebel
1 EL Olivenöl
2 EL Butter
1 TL Currypulver
½ TL gemahlener Kreuzkümmel
optional: gemahlene Chiliflakes
feines Meersalz
frisch gemahlener schwarzer Pfeffer

**Creme**

1 Ei (M–L)
125 g Schmand
25 g geriebener Parmesan
¼ TL feines Meersalz (1,5 g)
frisch gemahlener schwarzer Pfeffer

**außerdem**

1–2 EL Milch zum Einpinseln des Teiges

Aktiv: 30–40 Min.
Start-to-finish: ca. 2 Std.
Backen: 30–40 Min.
Haltbarkeit: 2 Tage

### Zubereitung

**1.** Zuerst den Teig zubereiten, am schnellsten geht das im Blitzhacker oder in der Küchenmaschine (Schneideinsatz): Mehl, geriebenen Parmesan, Zucker und Salz gut vermischen, die kalte Butter in 2 cm großen Würfeln hinzufügen und nur zweimal für wenige Sekunden mixen, ein paar gröbere Butterstücke sind völlig okay. Dann das kalte Wasser dazugeben und nur so lange mixen, bis der Teig anfängt zu klumpen. Die Teigbrösel auf eine bemehlte Arbeitsfläche ausleeren, zügig zu einer Kugel kneten, dann zu einer 2 cm dicken Scheibe drücken und in Frischhaltefolie gewickelt mindestens 1 Stunde kühl stellen. (Alternativ bröselt man die Butter von Hand in die trockenen Zutaten, bevor man das Wasser mit einem Löffel untermengt.)

**2.** Für die Füllung: Die Karotten werden nicht geschnitten, sondern komplett mit dem Sparschäler in dünne Streifen geschält – dazu am besten mehrfach an der gleichen Stelle schälen und erst dann etwas weiterdrehen (250 g sollten es schon sein). Die Zwiebel schälen und in feine Spalten schneiden. Olivenöl und Butter in einer großen Pfanne erhitzen, die gemahlenen Gewürze kurz mitrösten bis sie duften, dann das Gemüse dazugeben. Bei mittlerer Hitze 5 bis 8 Minuten garen, die Karotten sollen nicht zerfallen. Mit Salz und Pfeffer würzen und dann zum Abkühlen auf einem Teller ausbreiten.

**3.** Für die Creme das Ei in eine Schüssel aufschlagen und mit den restlichen Zutaten glatt rühren. Den Ofen auf 200 °C vorheizen und ein Backblech mit Backpapier auslegen. Den Teig aus dem Kühlschrank holen und auf einer bemehlten Arbeitsplatte kreisrund (etwa 35 cm Durchmesser) ausrollen, dabei regelmäßig bemehlen und mit einer Teigkarte lockern, wenn er beginnt zu kleben. Den Teig zur Hälfte und zum Viertel falten, auf dem Blech wieder ausbreiten und füllen: Eine Hälfte der Creme mittig platzieren, das Gemüse gleichmäßig darauf verteilen, dabei rundherum 6 bis 7 cm Rand lassen. Den Rest der Creme über das Gemüse verteilen und den Rand in Falten gelegt zur Mitte umklappen.

**4.** Den Rand mit Milch einpinseln, die Galette dann auf der untersten Schiene im Ofen 30 bis 40 Minuten goldbraun backen (auch mal unter die Galette spitzen, der Boden sollte ebenfalls anfangen zu bräunen). Herausnehmen und direkt servieren. Schmeckt aber auch kalt oder wieder aufgewärmt!

# Flammkuchen

**Zutaten für 2 große oder 4 kleine, Beläge jeweils für 1 großen Flammkuchen**

### Teig

100 g Weizenmehl Type 550

50 g Roggenmehl Type 1150

¾ TL feines Meersalz (4 g)

½ TL Zucker

25 g Roggen-ASG*

½ EL Olivenöl

ca. 85 ml Wasser (25 °C)

### Creme

125 g Schmand

25 g Sahne

feines Meersalz

gemahlener schwarzer Pfeffer

### Belag-Klassiker

50 g Speck (Pancetta)
1 rote Zwiebel

### Boscaiola

40 g Speck (Pancetta)

1 rote Zwiebel

2 größere Egerlinge

1–2 EL geriebener Parmesan

### Vegetarisch

1 große gekochte Kartoffel

30–40 g Gorgonzola

1 Handvoll Babyspinat

Pul Biber

Aktiv: 30–40 Min.

Start-to-finish: 40–50 Min.

Backen: 5–8 Min.

Haltbarkeit: am besten frisch

*Haben Sie ein wöchentliches Ritual rund ums Thema Essen? Bei uns ist der Sonntagabend, seit ich denken kann, „Pizza Night", wobei wir das nicht ganz so streng auslegen, Pinsa und Flammkuchen gehören selbstverständlich dazu. Inzwischen hat sich mein Flammkuchenrezept zu einer hefelosen Version entwickelt – ist man geübt, vergehen vom Abwiegen der Zutaten bis zum In-den-Ofen-Schieben gerade mal 30 Minuten!*

### Zubereitung

**1.** Einen Backstein oder eine gusseiserne Grillplatte auf der untersten Schiene des Backofens für 30 Minuten vorheizen (oder mit einem umgedrehten Backblech improvisieren) – ich nutze die maximalen 275 °C meines Backofens, aber 250 °C reichen.

**2.** Alle Zutaten für den Teig in der Küchenmaschine verrühren, erst langsam, dann 5 bis 8 Minuten auf etwas höherer Stufe zu einem glatten, elastischen Teig kneten. In 2 große (oder 4 kleine) Portionen teilen, zu straffen Kugeln formen und zugedeckt 15 Minuten entspannen lassen.

**3.** Inzwischen alle Cremezutaten in einer kleinen Schüssel glatt rühren und würzen, sowie die Zutaten für den gewünschten Belag vorbereiten: Den durchwachsenen Speck in feine Streifen oder Würfel schneiden, in der Pfanne etwas anbraten und zur Seite stellen. Zwiebeln schälen und in möglichst dünne Halbringe schneiden, Egerlinge putzen und in hauchdünne Scheiben schneiden. Pellkartoffel schälen und grob zerdrücken. Spinat waschen und Gorgonzola in Scheiben schneiden.

**4.** Einen Brotschieber oder ein randloses Blech mit Backpapier auslegen (darauf passen 1 großer oder 2 kleine Flammkuchen). Eine Teigkugel auf einer bemehlten Arbeitsfläche mit einem Nudelholz wirklich dünn (1 bis 2 mm!) oval ausrollen, auf das Backpapier legen, dünn mit der Hälfte der Creme bestreichen und einen Belag nach Wahl gleichmäßig darauf verteilen.

**5.** Flammkuchen samt Backpapier auf den vorgeheizten Backstein etc. gleiten lassen und in etwa 5 bis 8 Minuten kross backen – ein paar dunkle Stellen sind erwünscht (nach 2 Minuten kann man das Backpapier mit Schwung rausziehen). Herausnehmen, in Stücke schneiden und z. B. mit frisch gemahlenem schwarzen Pfeffer und frischem Schnittlauch servieren.

* Das Roggen-Anstellgut (TA 200, aus dem Kühlschrank) ist für den Geschmack essenziell. Sie können es aber durch Wasser und Roggenmehl Type 1150 zu halben Teilen ersetzen.

### Tipp

Der eigenen Fantasie sind beim Belegen kaum Grenzen gesetzt. Einfach mal den Kühlschrank durchstöbern!

# Pide mit Hackfleischfüllung

*Die besten Pide habe ich 2015 unweit des Taksim-Platzes gegessen und ich werde nicht müde, alles zu probieren, diesem Geschmackserlebnis immer näher zu kommen … auch wenn das fehlende Reiseflair und meine Küchenausstattung dem wohl entgegenstehen. Dünner, kross gebackener Teig, eine würzig-scharfe Fleischfüllung und ein gut schmelzender Käse sind auf jeden Fall essenziell.*

*Die Füllung lässt sich nach Lust und Laune variieren, auch vegetarische Versionen mit Spinat oder Feta sind beliebt – und man kann wie beim georgischen Khachapuri direkt noch ein Ei auf die Füllung schlagen, bevor das Pide in den Ofen kommt.*

# Pide mit Hackfleischfüllung

**Zutaten für 4 Stück**

**Teig**

250 g Weizenmehl Type 550
1 TL Salz
½ TL weißer Zucker
2 TL Olivenöl (10 g)
6 g frische Hefe
ca. 140 ml Wasser (20 °C)

**Füllung**

1 größere rote Zwiebel
2–3 Knoblauchzehen
1 rote (Spitz-)Paprika
optional: 1 große rote Chilischote
3–4 Stiele frische Petersilie
optional: ca. 125 g Kaşar peyniri*
3–4 EL Olivenöl
500 g Rinder- oder Lammhack
1 TL Paprikapulver
1 TL Kreuzkümmel
1–1½ EL Paprikamark
125 g Tomaten (aus der Dose, ganz oder stückig)
1 Prise Zucker
feines Meersalz
schwarzer Pfeffer

**außerdem**

2–3 EL Olivenöl zum Einpinseln

**dazu**

rote Zwiebelstücke, eingelegte Peperoni, Zitronenspalten

Aktiv: 60–75 Min.
Start-to-finish: 2–3 Std.
Backen: 10–14 Min.
Haltbarkeit: am besten frisch

**Zubereitung**

**1.** Für den Teig alle Zutaten in der Schüssel der Küchenmaschine erst langsam vermengen (wirkt er zu trocken, teelöffelweise mehr Wasser zufügen), dann auf der nächsthöheren Stufe 5 bis 8 Minuten kneten. Der Teig sollte elastisch und kaum klebrig sein. Zu einer Kugel formen, mit ein paar Tropfen Olivenöl einreiben und in der mit Frischhaltefolie abgedeckten Schüssel etwa 1 bis 2 Stunden reifen lassen – er wird nur wenig aufgehen.

**2.** In der Zwischenzeit die Füllung zubereiten: Zwiebel und Knoblauchzehen schälen und fein würfeln. Die Paprika entkernen, stückig schneiden (etwa 1 cm). Optional die große rote Chilischote fein hacken. Petersilie abbrausen, trocken tupfen und fein hacken. Optional Kaşar peyniri grob reiben.

**3.** Olivenöl in einer großen Pfanne erhitzen und das Hackfleisch bei höherer Hitze anbraten, bis es krümelig ist und ein bisschen Farbe angenommen hat. Zwiebel, Knoblauch, Paprika und Chilischote anschwitzen, dann die Gewürze noch kurz mitrösten. Paprikamark und Dosentomaten dazugeben und alles 5 Minuten auf mittlerer Hitze anbraten. Mit Zucker, Salz und frisch gemahlenem Pfeffer würzen, kräftig abschmecken und zum Abkühlen auf die Seite stellen.

**4.** Den Teig vierteln, zu straffen Kugeln formen und abgedeckt 10 Minuten entspannen lassen. Den Backofen auf 220 °C vorheizen (am besten mit einem Backstein etc. auf der 2. Schiene von oben) und zwei randlose Backbleche oder Pizzaschieber mit Backpapier auslegen. Die Teigkugeln zu langen, dünnen Ovalen ausrollen (etwa 35 × 16 cm) und am besten direkt auf den Backpapieren füllen: Je ein Viertel der Hackfüllung und den geriebenen Kaşar peyniri über die gesamte Länge verteilen, dabei seitlich 3 bis 4 cm Rand frei lassen, diesen über die Füllung Richtung Mitte klappen und die Enden zusammenlaufend verschließen. Den Teig rundherum mit Olivenöl bestreichen.

**5.** Vom ersten vorbereiteten Blech zwei Pide schwungvoll samt Backpapier auf den vorgeheizten Backstein (etc.) gleiten lassen und in 10 bis 14 Minuten kross backen. Herausnehmen, in Stücke schneiden und mit Zwiebelstücken, Peperoni und Zitronenspalten servieren. Zweites Blech ebenso backen.

* Türkischer Käse, den man in größeren Supermärkten und natürlich beim türkischen Lebensmittelhändler bekommt. Alternativ Mozzarella, Gouda etc.

# Gefüllte Naan

*Egal, ob Chapati, Paratha oder Naan, ein gutes indisches Essen braucht auch ein gutes Fladenbrot. Zu einem Curry oder Dhal passt es perfekt. In dieser pikant gefüllten Version geht es glatt als eigene Mahlzeit durch.*

**Zutaten für 4 Stück**

**Teig**

250 g Weizenmehl Type 550
6 g frische Hefe
¾ TL feines Meersalz (5 g)
½ TL weißer Zucker
50 g griechischer Jogurt
2 TL Olivenöl (10 g)
50 ml Vollmilch
ca. 75 ml Wasser (30 °C)

**Füllung**

ca. 500 g Kartoffeln
1 größere Zwiebel
1–2 Knoblauchzehen
½ –1 lange Chilischote
½ Bund frischer Koriander
3–4 EL Ghee (oder Butterschmalz)
1 TL Kreuzkümmel
1 TL Kurkuma
1 TL Garam Masala
½ TL Chiliflakes (oder Cayennepfeffer)
feines Meersalz

**außerdem**

50 g Butter zum Bestreichen

Aktiv: ca. 1 Std.
Start-to-finish: 2 ½–3 ½ Std.
Backen: 3–6 Min.
Haltbarkeit: am besten frisch

**Zubereitung**

**1.** Kartoffeln für die Füllung waschen, schälen, in grobe Würfel schneiden und in Salzwasser 15 bis 20 Minuten gar kochen. Kochwasser abgießen, Kartoffeln ausdampfen lassen, stampfen oder mit einer Gabel zerdrücken und beiseitestellen.

**2.** Den Teig ansetzen: Alle Zutaten in der Küchenmaschine bei langsamer Geschwindigkeit vermengen, dann 5 bis 8 Minuten glatt und elastisch kneten. Den Teig mit leicht geölten Händen zur Kugel formen, mit Frischhaltefolie abgedeckt 1 bis 2 Stunden gehen lassen (kann auch 1 Tag im Kühlschrank „parken").

**3.** Für die Füllung Zwiebel und Knoblauch schälen und fein würfeln, die Chilischote fein hacken. Den Koriander kalt abbrausen, trocken schütteln und etwa zwei Drittel davon fein hacken. Ghee in einer Pfanne erhitzen. Zwiebeln, Knoblauch und Chili darin anschwitzen, dann auch die Gewürze mitrösten, bis sie zu duften beginnen. Nun die Kartoffeln zufügen, mit Salz würzen und kräftig abschmecken. Zuletzt den gehackten Koriander untermengen, dann zum Abkühlen zur Seite stellen.

**4.** Einen Backstein (alternativ eine gusseiserne Grillplatte oder ein umgedrehtes Backblech) auf der untersten Schiene bei 250 °C mindestens 30 Minuten vorheizen. Den Teig in 4 Portionen teilen, zu straffen Kugeln formen und abgedeckt 15 Minuten entspannen lassen. Dann die Arbeitsfläche bemehlen und eine Teigkugel kreisrund ausrollen (etwa 15 cm Durchmesser). Ein Viertel der Füllung mittig platzieren, den Teig eng darüber zusammennehmen und gut verschließen – möglichst wenig Luft einschließen. Noch mal bemehlen, leicht oval auf 22 bis 25 cm ausrollen (dabei entstehende Luftblasen aufstechen und verschließen). Auf einem Blech mit Backpapier platzieren. Zwei Naan passen gut nebeneinander.

**5.** Die ersten beiden Naan samt Backpapier schwungvoll auf den vorgeheizten Stein gleiten lassen und 3 bis 6 Minuten backen. Sie werden ein paar braune Flecken bekommen, sich aufblähen und auch wieder zusammenfallen – zur Halbzeit einmal wenden. Herausnehmen und direkt in ein sauberes Geschirrtuch einschlagen, dann bleiben sie herrlich weich und warm. Die übrigen Naan ebenso backen.

**6.** Während die Brote backen, die Butter in einem Pfännchen schmelzen, den restlichen Koriander grob hacken und zur Butter hinzufügen. Naan vor dem Servieren damit einspinseln.

# Pinsa Romana

*Diese länglichen und üppig belegten Teigfladen haben es in den vergangenen Jahren auch außerhalb Italiens zu großer Popularität gebracht, mit einer Geschichte, die angeblich zurückreicht bis ins alte Rom. Da die Italiener schon immer ein Händchen für gutes Essen hatten, zweifelt niemand auch nur eine Sekunde daran. Oder? Manchmal braucht es einfach nur die durchdachte Marketingidee einer findigen römischen Gastro-Familie (Di Marco) und der Mythos war geboren – obwohl es die Pinsa gerade einmal seit 2001 gibt. Aber wenn man einmal davon absieht, dass dies ein wunderbarer Beweis dafür ist, dass sich Essen auch und vor allem über die Geschichten dazu verkauft, hat die luftig-knusprige Pinsa einen festen Platz im Pizza-Universum verdient. Sie schmeckt durch die lange Fermentation in Verbindung mit der charakteristischen Mehlmischung – Weizen-, Reis- und Soja-, manchmal auch Kichererbsenmehl – einfach nach mehr!*

*Basis ist entweder eine klassische Tomatensauce (rossa), eine weiße Variante aus Schmand/Sahne/Parmesan (bianca), oder sie wird nur mit Olivenöl gebacken und erst danach mit frischen bzw. hitzeempfindlichen Zutaten (wie etwa Rucola, Basilikum, Bresaola etc.) belegt. Auch beim Käse kann variiert werden: Der Klassiker bleibt natürlich Mozzarella. Aber auch Fior di Latte, Büffelmozzarella oder Burrata (beide am besten erst nach dem Backen), Gorgonzola, Scamorza, Taleggio, Fontina, Parmesan, Pecorino oder Provolone können in der richtigen Kombination eine gute Wahl sein. Und natürlich können Sie auch den Belag Ihrer Lieblingspizza für eine Pinsa nehmen!*

# Pinsa Romana

### Zutaten für 3 Pinsas

**Teig**

1,5 g frische Hefe

250 ml kaltes Wasser (15 °C)

300 g Weizenmehl Tipo 00

40 g Reismehl

25 g Sojamehl

½ EL Olivenöl (mehr für Behälter)

1¼ TL feines Meersalz (8 g)

**Pinsa Veggie**

60–75 g Tomatensauce

optional: ½ kleine gelbe Zucchini

75 g Grillgemüse (z. B. Aubergine)

60–75 g Mozzarella

2 EL Basilikumpesto

**Pinsa Salsicca**

30–40 g Schmand

1 EL Sahne

1 gekochte Kartoffel

1 Salsicca (italienische Bratwurst)

1 Zweig Rosmarin

30–40 g Gorgonzola

**Pinsa BüMo**

1 EL Olivenöl

1 Handvoll gelbe Kirschtomaten

125 g Büffelmozzarella

2–3 EL Basilikumpesto

frisches Basilikum

Aktiv: 45–60 Min.

Start-to-finish: ca. 24–48 Std.

Backen: 5–10 Min.

Haltbarkeit: am besten frisch

### Zubereitung

**1.** Hefe und Wasser in der Knetschüssel der Küchenmaschine verrühren, Mehle und Olivenöl dazugeben und mit dem Knethaken zunächst auf niedriger und dann bei höherer Geschwindigkeit vermengen. Nach 6 bis 8 Minuten das Salz hinzufügen (ergibt einen stabileren Teig) und weitere 6 bis 8 Minuten kneten. Der Teig sollte jetzt wunderbar elastisch sein und glänzen. Einen mindestens 1½ l großen Behälter samt Deckel mit Olivenöl ausreiben, den Teig zu einer Kugel formen, hineingeben und wenn möglich 1 Stunde bei Zimmertemperatur „anspringen lassen". Dann wandert er für 24 oder 48 Stunden (auch 72 Stunden sind kein Problem) in den Kühlschrank.

**2.** Am Backtag den Teig aus dem Kühlschrank nehmen, auf einer bemehlten Arbeitsfläche in 3 Teile (grob 200 g) portionieren und zu straffen Kugeln formen – dabei möglichst behutsam vorgehen, damit die entstandene luftige Teigstruktur weitgehend erhalten bleibt. Teigkugeln mit 10 cm Abstand in eine große bemehlte Plastikbox mit Deckel (30 × 40 cm) geben und 3 bis 4 Stunden akklimatisieren lassen (alternativ auf ein bemehltes Brett legen, bemehlen und mit Frischhaltefolie abdecken, damit sich keine Haut bildet).

**3.** Einen Backstein oder eine gusseiserne Grillplatte (notfalls geht auch ein umgedrehtes Backblech) mindestens 30 Minuten bei maximaler Leistung erhitzen – bei mir sind das 275 °C, aber 250 °C reichen auch –, probieren Sie aus, wo in Ihrem Ofen Sie das bessere Ergebnis bekommen, entweder ganz unten (Boden wird knuspriger) oder auf der 2. Schiene von oben (Rand bräunt schneller/dunkler). Einen Pizzaschieber oder ein randloses Blech mit Backpapier auslegen.

**4.** Alle Zutaten bereitstellen und falls nötig vorbereiten: Für Pinsa Veggie von der Zucchini mit dem Sparschäler dünne Streifen abhobeln, Grillgemüse und Mozzarella klein schneiden. Für Pinsa Salsicca Schmand mit Sahne glatt rühren, Kartoffel ggf. schälen und grob hacken, Salsicca aus der Haut drücken, Rosmarin fein hacken. Für Pinsa BüMo Kirschtomaten und Büffelmozzarella klein schneiden, aber nur das Olivenöl kommt vor dem Backen auf die Pinsa, daher ist die Backzeit kürzer.

**5.** Die Pinsa formen, belegen und backen: Einen Teigballen auf die bemehlte Arbeitsfläche geben, großzügig mit Mehl bestäuben und mit den Fingern behutsam zu einem länglichen Fladen (22 bis 24 cm) drücken und ausziehen. Das Mehl abschütteln, die Pinsa auf dem Backpapier platzieren und nach Wahl belegen. Schwungvoll mit dem Backpapier auf den Backstein gleiten lassen und abhängig von Zutaten und Ofentemperatur in 5 bis 10 Minuten knusprig braun backen (Backpapier kann nach 2 bis 3 Minuten rausgezogen werden). Pinsa aus dem Ofen nehmen, finale Zutaten (Pesto, bei Variante BüMo alles) darauf verteilen und sofort servieren. Die restlichen Pinsas backen.

# Zweierlei Gemüsestrudel

*Selbst gemachter Strudelteig stand lange Zeit auf meiner persönlichen Beliebtheitsskala an allerletzter Stelle, obwohl ich nie ein Fiasko damit erlebt habe. Die wenigen Früchtestrudel, die ich jedes Jahr backe, haben einfach nicht ausgereicht, um uns dauerhaft anzufreunden. Seit ich mir aber vorgenommen habe, wenigstens einmal im Monat einen Strudel in den Ofen zu schieben, sind wir doch ziemlich gute Freunde geworden – gerade die würzigen Strudelvarianten mit Gemüsefüllung haben es mir angetan. Zusammen mit einer großen Schüssel Salat ein abwechslungsreiches Hauptgericht für jede Gemüsesaison. Auch wenn ich ständig neue Füllungen ausprobiere, diese beiden Klassiker kommen immer wieder auf den Tisch!*

# Gemüsestrudel

### Zutaten für 2 Strudel

200 g Weizenmehl Type 405

½ TL feines Meersalz (3 g)

1 TL Weißweinessig

30 g Sonnenblumenöl (plus mehr zum Einreiben)

80–90 ml Wasser (ca. 40 °C)

### Füllung für jeweils 1 Strudel

**Kartoffel-Kürbis**

2–3 mehligkochende Kartoffeln

250–300 g Kürbis (Hokkaido)

1 Zwiebel

50 g durchwachsener Speck

2–3 EL Olivenöl (ggf. mehr)

feines Meersalz

gemahlener schwarzer Pfeffer

frisch geriebene Muskatnuss

½ TL gemahlener Kreuzkümmel

**Spitzkohl**

1 kleiner Spitzkohl

1 Zwiebel

50 g durchwachsener Speck

2–3 EL Olivenöl (ggf. mehr)

feines Meersalz

gemahlener schwarzer Pfeffer

½ TL gemahlener Kümmel

1 TL mildes Paprikapulver

**außerdem**

75 g Butter zum Bestreichen

Aktiv: 1–1½ Std.

Start-to-finish: ca. 2½ Std.

Backen: 40–45 Min.

Haltbarkeit: 2–3 Tage

### Zubereitung

**1.** Zuerst den Strudelteig vorbereiten: Das Mehl in eine Schüssel geben, eine Vertiefung in die Mitte drücken, Salz, Essig, Sonnenblumenöl und 80 ml warmes Wasser dazugeben und mit einer Gabel verrühren. Dann alles von Hand zu einem geschmeidigen, nicht klebrigen Teig verkneten – ist er noch zu trocken, Wasser in kleinen Schlucken hinzufügen. Damit der Teig sich gut ausziehen lässt, sollte er schon 8 bis 10 Minuten von Hand geknetet werden. Zu einer Kugel formen, mit ein paar Tropfen Öl einreiben und unter einer umgedrehten Schüssel 1 Stunde ruhen lassen. Inzwischen die Füllungen zubereiten.

**2. Füllung Kartoffel-Kürbis:** Die großen mehligkochenden Kartoffeln schälen, grob reiben (es sollten etwa 250 g sein) und bis zur Verwendung in kaltes Wasser geben. Kürbis waschen und ebenfalls grob reiben (Hokkaido braucht nicht geschält zu werden). Zwiebel und Speck würfeln, das Olivenöl in einer großen beschichteten Pfanne – ich nehme dafür gerne einen Wok – erhitzen und beides darin anschwitzen bzw. ein wenig bräunen (Röstaromen = Geschmack). In der Zwischenzeit die geriebenen Kartoffeln in ein Sieb abgießen und gut ausdrücken, dann zusammen mit dem Kürbis dazugeben und bei mittlerer Hitze 10 Minuten unter gelegentlichem Rühren vorgaren. Mit Meersalz, Pfeffer, Muskatnuss, Kreuzkümmel abschmecken. Zum Abkühlen auf einem großen Teller ausbreiten.

**3. Füllung Spitzkohl:** Vorgaren und würzen wie bei der Kartoffel-Kürbis-Füllung, nur diesmal mit Spitzkohl und anderen Gewürzen. Den Spitzkohl vierteln, Strunk entfernen und in feine Streifen schneiden (etwa 500 g sollten es sein). Auch hier die Füllung zum Abkühlen auf einem großen Teller ausbreiten.

**4.** Den Ofen auf 200 °C vorheizen und ein Blech mit Backpapier auslegen. Butter in einem kleinen Töpfchen zerlassen und zur Seite stellen.

**5.** Den Strudelteig halbieren und die eine Hälfte auf etwa 30 × 40 cm dünn ausziehen: Diese dazu erst auf einem Strudeltuch (oder einer Backmatte) ausrollen, dann mit beiden Handrücken unter den Teig fassen und ihn nach allen Seiten behutsam größer ziehen. Die dicken Ränder mit den Fingern dünner zupfen. Dünn mit Butter bepinseln, die Kartoffel-Kürbis-Füllung gleichmäßig darauf verteilen, dabei rundherum 5 cm Rand lassen, zum Ende hin sogar 10 bis 15 cm. Die langen Seitenränder über der Füllung einschlagen und dann mithilfe des Strudeltuchs vorsichtig aufrollen. Mit der Naht nach unten auf das Backblech setzen. Mit der zweiten Teighälfte und Füllung ebenso verfahren.

**6.** Beide Strudel mit Butter einpinseln, dann in der Ofenmitte in 35 bis 45 Minuten goldbraun backen, dabei alle 15 Minuten noch einmal mit Butter bestreichen. Aus dem Ofen nehmen und heiß, lauwarm oder kalt genießen.

# Zwiebelkuchen

*Bei allen regionalen Ausprägungen und möglichen Teigvarianten von Zwiebelkuchen fällt es nicht leicht, einen Liebling zu bestimmen. Deshalb war hier mein Hauptkriterium „schnelle Küche", was der verwendete Quark-Öl-Teig mit Bravour erfüllt. Während manche Zwiebelkuchen mit rohen Zwiebeln gebacken werden, lasse ich nie eine Gelegenheit aus, Zwiebeln und Speck anzuschwitzen. Die Küche duftet dann so vielversprechend, wie der spätere Zwiebelkuchen schmeckt!*

### Zutaten für 6–8 Portionen

#### Teig

125 g Weizenmehl Type 405

35 g Roggenmehl Type 1150

½ TL feines Meersalz (3 g)

¾ TL Backpulver

100 g Speisequark (20 % Fett)

3 EL Sonnenblumenöl (40 g)

40 ml Milch

#### Belag

700–800 g große Gemüsezwiebeln

100 g durchwachsener Speck

2 EL Butterschmalz

feines Meersalz

frisch gemahlener schwarzer Pfeffer

optional: ½–1 TL Kümmel

150–200 g Schmand oder Sauerrahm

1 Ei (L)

frisch geriebene Muskatnuss

#### außerdem

Butter für die Form

1–2 EL Semmelbrösel für die Form

optional: frischer Schnittlauch fürs Finish

Aktiv: 35–45 Min.

Start-to-finish: 65–75 Min.

Backen: ca. 35 Min.

Haltbarkeit: 2–3 Tage

### Zubereitung

**1.** Eine niedrige Quicheform (25 bis 28 cm Durchmesser) mit Butter einfetten und mit Semmelbröseln ausstreuen. Alle trockenen Teigzutaten in einer Schüssel vermischen, dann Quark, Sonnenblumenöl, Milch hinzugeben und verkneten – von Hand oder mit den Knethaken des Handrührgeräts –, bis ein homogener Teig entstanden ist. Grob auf die Größe der Form ausrollen, das klappt meist ohne Mehl. Den rund ausgerollten Teig zu einem Viertel falten und in der Form wieder aueinanderfalten, diese mit den Fingern gleichmäßig auskleiden und den überhängenden Rand abschneiden. Den Boden gleichmäßig mit einer Gabel einstechen und am besten im Gefrierfach 15 Minuten kühlen. Den Ofen auf 200 °C vorheizen.

**2.** Inzwischen für den Belag Zwiebeln schälen und in grobe Spalten, den Speck in kleine Würfel schneiden. Butterschmalz in einer tiefen Pfanne erhitzen, Speck auslassen und Zwiebeln bei niedriger Hitze unter Rühren anschwitzen, bis sie weich sind (mindestens 20 Minuten). Klassisch sollen die Zwiebeln kaum Farbe annehmen, aber wenn Sie sie lieber mit Röstaromen mögen, dann lassen Sie sie ein wenig karamellisieren. Mit Meersalz, Pfeffer und optional Kümmel kräftig abschmecken, dann kurz zum Abkühlen zur Seite stellen.

**3.** Den gekühlten Boden auf der zweiten Schiene von unten 15 Minuten backen.

**4.** Sauerrahm und Ei verrühren, mit Salz, Pfeffer und Muskat würzen und unter die Zwiebeln mengen. Den vorgebackenen Boden aus dem Ofen nehmen, die Zwiebelmasse darauf verteilen, glatt streichen und in 20 bis 30 Minuten goldbraun backen. Wird die Füllung zu schnell dunkel, mit Backpapier abdecken. Herausnehmen und möglichst 30 Minuten abkühlen lassen, lauwarm schmeckt der Zwiebelkuchen am besten, dazu Salat.

### Tipp

Der Herbst ist die klassische Zeit für Zwiebelkuchen, der sich aber je nach Saison variieren lässt. Einfach einen Teil der Zwiebeln durch Lauch, Paprika, Spinat, Pilze oder Kürbis ersetzen.

# Pizza neapolitanischer Art

*„Es gibt Pizza!" Haben Sie bei diesen Worten auch sofort einen ganz unwiderstehlichen Duft in der Nase, nach Tomate, frisch gebackenem Teig, Basilikum? Wissen Sie noch, wo Sie Ihre allerbeste Pizza gegessen haben? Mir ist ein Abend bei Pepe in Grani bei Neapel unvergessen, sein Tastingmenü mit neun fantastischen Pizzas war ein Genuss und hat meine Sicht auf Pizza, Zutaten und Handwerk geschärft.*

*Während ich noch mit überladenen Blechpizzas aufgewachsen bin, jonglieren passionierte Hobbybäcker heutzutage geübt mit Fachbegriffen wie Proteingehalt und Hydration oder diskutieren die Unterschiede von Schamottstein und Baking Steel. Mein Anliegen ist deshalb klar eingegrenzt, ich möchte Ihnen ein möglichst simples Teigrezept, das eine sagenhaft gute Pizza in einem normalen Haushaltsofen (mindestens 250 °C Höchsttemperatur) ermöglicht, an die Hand geben.*

*Abgesehen vom Umgang mit dem Teig, der mit steter Übung immer besser wird, haben zwei Aspekte für mich deutliche Verbesserung gebracht: Ich backe auf einer gusseisernen, glatten Grillplatte (mittlerweile für unter 50 EUR erhältlich), die in meinem völlig durchschnittlichen Haushaltsofen eine halbe Stunde vorgeheizt wird (unterste Schiene = besonders krosser Boden, zweite Schiene von oben = besonders krosser Rand, mittlere Schiene = ein wenig von beidem). Zwar besitze ich auch einen Backstein, aber Gusseisen hat sich für mich als pflegeleichter erwiesen, das Ergebnis ist knuspriger, die Aufheizdauer geringer. Meine gusseiserne Platte ist mittlerweile über 10 Jahre im wöchentlichen Pizza-Einsatz, daneben nutze ich sie zum Brotbacken. Sie gehört zu den meistgenutzten Hilfsmitteln in meiner Küche. (Inzwischen gibt es auch erschwingliche Backstahlplatten – hätte ich Bedarf, würde ich damit liebäugeln.)*

*Mehl, Wasser, Hefe, Salz – ein original neapolitanischer Pizzateig ist streng auf die vier Zutaten limitiert. Gute Qualität ist entscheidend! Den größten Unterschied macht das Mehl. Natürlich können Sie mit haushaltsüblichem Weizenmehl Type 405 eine Pizza backen. Aber das erklärte Ziel ist ja nicht irgendeine, sondern eine richtig gute. Dafür ist ein italienisches Mehl Tipo 00 mit hohem Proteingehalt die beste Wahl. Mein Favorit (und der von unzähligen Pizzaioli und Hobbybäckern rund um den Globus) ist das rote Cuoco der Mulino Caputo aus Neapel – auch in Deutschland problemlos zu bekommen (googeln Sie „Caputo Cuoco kaufen").*

# Pizza

### Zutaten für 2 große Pizzas, 26–30 cm

**Teig**

1 g frische Hefe

200 g kaltes Wasser (15 °C)

300 g Weizenmehl Tipo 00

1¼ TL feines Meersalz (7,5 g)

Weizenmehl oder Semola Rimacinata (sehr feiner Hartweizengrieß) zum Bearbeiten

**Basisbelag**

ca. 200 g Tomaten (aus der Dose, am besten San Marzano)

feines Meersalz

Olivenöl

ca. 150 g Mozzarella

**plus Zutaten für Belag nach Wunsch**

Aktiv: 45–60 Min.

Start-to-finish: mindestens 24 Std.

Backen: 6–10 Min.

Haltbarkeit: am besten frisch

### Zubereitung

**1.** Am Vortag: Hefe und Wasser in der Knetschüssel der Küchenmaschine verrühren, das Mehl zufügen, mit dem Knethaken bei niedriger Geschwindigkeit vermengen, dann schneller kneten. Nach 6 bis 8 Minuten salzen und weitere 6 bis 8 Minuten kneten, der Teig hat dann die Schüssel gesäubert und ist herrlich elastisch. Zu einer Kugel formen und in einen Behälter mit Deckel wenn möglich 1 Stunde bei Zimmertemperatur „anspringen lassen". Dann wandert er für 20 bis 24 Stunden (auch 48 Stunden sind kein Problem) in den Kühlschrank.

**2.** Am Backtag: Den Teig aus dem Kühlschrank holen, halbieren und zu straffen Kugeln formen. Die Teigkugeln mit 10 cm Abstand in einer großen bemehlten Plastikbox mit Deckel 3 bis 4 Stunden akklimatisieren lassen (alternativ auf ein bemehltes Brett legen, mit Mehl bestäuben und mit Frischhaltefolie abdecken bzw. in eine Tüte stecken, damit sich keine Haut bildet).

**3.** Etwa 30 Minuten bevor man die erste Pizza in den Ofen schieben will, einen Backstein oder eine gusseiserne Grillplatte (notfalls geht ein umgedrehtes Backblech) mindestens 30 Minuten bei maximaler Leistung (mindestens 250 °C) erhitzen. Einen Pizzaschieber oder ein randloses Blech mit Backpapier auslegen. Alle Zutaten für den Belag bereitstellen und falls nötig vorbereiten. Dosentomaten werden zerdrückt oder püriert und mit Salz und Olivenöl abgeschmeckt, der Mozzarella kann aufgeschnitten auf Küchenpapier abtropfen.

**4.** Die Pizza formen, belegen und backen: Einen Teigballen auf die bemehlte Arbeitsfläche geben, großzügig (!) mit Mehl bestäuben und mit den Fingern behutsam von der Mitte aus dünner drücken und ausziehen, dabei aber einen dicken, luftigen Rand stehen lassen. Um die Pizza weiter zu vergrößern, beide Handrücken unter den Teig schieben und sie über die Handrücken behutsam größer ziehen. Das Mehl abschütteln, die Pizza auf dem Backpapier platzieren und belegen: Dünn mit Tomatensauce bestreichen, Mozzarella darauf verteilen und ggf. noch weitere Zutaten nach Wunsch.

**5.** Schwungvoll mit (!) dem Backpapier auf den Backstein gleiten lassen und abhängig von Zutaten und der Ofentemperatur in 6 bis 10 Minuten knusprig braun backen (das Backpapier kann nach 2 bis 3 Minuten mit Schwung rausgezogen werden). Die Pizza aus dem Ofen nehmen und sofort servieren. Die zweite Pizza ebenso backen.

### Tipp

Meine beiden liebsten Pizzavarianten sind die mit Tomatensauce, Mozzarella, hauchdünner Chorizo, Champignons, Chiliöl, ein paar Tropfen Honig und die mit Schmand-Sahne-Creme, abgeriebener Zitronenschale, Anchovis, Endiviensalat, Gorgonzola.

# **SALZIG:**
# Snacks

*Appetit ja, aber eigentlich würde was Feines zum Knabbern schon ausreichen? Dafür sind diese Snacks perfekt! Traditionelles und Innovatives halten sich bei den Rezepten die Waage: klassisches Knoblauchbrot in der Zupfversion, hauchdünn ausgezogene und knusprig gebackene Lavash-Cracker, Käsegebäck aus Blitzblätterteig als Ausflug in die 1980er-Jahre oder simple, leicht scharfe Maisbrot-Muffins, knallgrüne Bärlauch-Biscuits mit Cheddarkruste, luftige Gougères für einen stilvollen Aperitif „à la française“, wandelbare Pita-Fladenbrote, die im Nu zu krossen Pita-Chips gebacken werden und sich perfekt zum Dippen eignen, oder sagenhaft dünne Biscotti-Cracker mit Super-Crunch.*

# Knoblauchbrot zum Zupfen

*Knoblauchbrot einmal anders: Diese aus den USA stammende Brotversion ist dort unter den Namen Pull-Apart Bread oder Monkey Bread beliebt. Vor allem süß umhüllte, kleine Hefeteigstücke werden in einer Form gebacken und können dann – am besten noch warm – „abgezupft" werden. Schmeckt aber auch in dieser würzigen Variante sehr gut!*

### Zutaten für 1 Laib

**Teig**

200 g Weizenmehl Tipo 00 (alternativ Type 550)

40 g Weizenmehl Type 1050

150–160 ml Wasser

20 g Weizen-ASG*

6 g frische Hefe

½ TL weißer Zucker

½ EL Olivenöl

1 TL feines Meersalz (6 g)

**Kräuteröl**

2 Knoblauchzehen

1 unbehandelte Bio-Zitrone

3–4 EL Olivenöl

30 g Butter

10 g frisch gehackter Schnittlauch (oder Kräuter nach Wahl)

optional: ½ TL Pul Biber oder Chiliflakes

2 Prisen Salz

40–50 g geriebener Parmesan

**außerdem**

Butter für die Form, Olivenöl zum Beträufeln

Aktiv: 20–30 Min.

Start-to-finish: ca. 2 ½ Std.

Backen: 25–30 Min.

Haltbarkeit: am besten frisch

### Zubereitung

**1.** Alle Teigzutaten in der Rührschüssel mit dem Knethaken der Küchenmaschine bei langsamster Geschwindigkeit vermischen, dann auf zweiter oder dritter Stufe 7 bis 10 Minuten zu einem glatten und kaum klebrigen Teig kneten. Mit Frischhaltefolie abdecken. Eine Kastenform (mindestens 18 × 8 cm) mit Butter einfetten oder mit Backpapier auskleiden.

**2.** Kräuteröl vorbereiten: Die Knoblauchzehen schälen, fein hacken. Die Zitrone heiß waschen, trocken reiben und die Schale (ohne das darunterliegende Weiße) fein abreiben. Olivenöl in einem Töpfchen erhitzen, den Knoblauch etwa 10 Minuten bei reduzierter Hitze darin andünsten, aber nicht bräunen. Zitronenschale sowie Butter, Schnittlauch und Gewürze dazugeben. Sobald die Butter geschmolzen ist, vom Herd nehmen. Den geriebenen Parmesan in einer kleineren Schüssel bereitstellen.

**3.** Den Teig auf einer bemehlten Arbeitsfläche mit den Händen grob zu einem fingerdicken Rechteck drücken und von der längeren Seite eng aufrollen. Mit den Händen zu einer mindestens 40 cm langen Rolle formen, dann mit der Teigkarte (oder einem Messer) in etwa 2 cm dicke Stücke teilen.

**4.** Jedes Teigstück komplett in dem Kräuteröl wenden, dann eine Seite in den geriebenen Parmesan drücken und in der vorbereiteten Form verteilen, bis alle Teigstücke aufgebraucht sind. Die Form mit Frischhaltefolie abdecken und 1½ bis 2 Stunden gehen lassen, der Teig sollte sich fast verdoppeln. Zum Ende hin den Ofen auf 220 °C vorheizen.

**5.** Den Teig mit ein wenig Olivenöl beträufeln, die Form mit dem gut aufgegangenen Teig in den Ofen schieben (mittlere Schiene) und die Hitze direkt auf 200 °C reduzieren. In 25 bis 30 Minuten goldbraun backen (Kerntemperatur 93 bis 95 °C). Wird das Brot zu schnell zu dunkel, mit Backpapier abdecken. Aus dem Ofen holen und nach ein paar Minuten aus der Form nehmen. Noch warm servieren!

### Tipp

* Weizen-Anstellgut (TA 200) direkt aus dem Kühlschrank (dient nur als Geschmackszutat), alternativ durch 10 g Weizenmehl und 10 ml Wasser ersetzen (S. 12)

# Hauchdünne Lavash-Cracker

*Lavash ist ein nicht nur im Nahen Osten weit verbreitetes, dünnes Fladenbrot, welches meist ohne Triebmittel in einem speziellen Backofen (Tandoor) bei sehr großer Hitze gebacken wird, wodurch der Teig Blasen wirft und sein charakteristisches Aussehen erhält. Klassische Haushaltsöfen können bei der Temperatur leider nicht mithalten, aber mit einem gut vorgeheizten Backstein lassen sich ähnlich luftige Cracker backen, die sich nicht nur hervorragend zum Knabbern eignen, sondern grob zerbröselt auch als Zutat für Mezze wie Fatteh oder Fattoush.*

# Lavash-Cracker

### Zutaten für 10 Stück

**Teig**

135 g Mehl Type 550 oder 405

½ TL feines Meersalz (3 g)

¼ TL Zucker

75 ml Wasser (kalt)

1 TL Olivenöl

**Topping**

einige EL Olivenöl/Chiliöl/Sesamöl

Gewürze nach Geschmack (z. B. grobes Meersalz, Dukkah, Zatar, abgeriebene Zitronenschale, Sesam etc.)

Aktiv: ca. 45 Min.

Start-to-finish: ca. 1 Std.

Backen: jeweils 3–4 Min.

Haltbarkeit: bis zu 2 Wochen

### Zubereitung

**1.** Den Ofen mit einem Backstein (zur Not geht auch ein umgedrehtes Backblech) auf der zweiten Schiene von unten mindestens 30 Minuten lang auf 220 °C vorheizen. Einen Brotschieber oder ein randloses Blech mit Backpapier auslegen.

**2.** Für den Teig alle Zutaten in der Knetschüssel mit dem Knethaken zu einem glatten, kaum klebrigen Teig verkneten, falls nötig ein wenig mehr Mehl dazugeben (diese kleine Teigmenge lässt sich aber auch schnell von Hand kneten). Den Teig in Portionen (etwa à 20 g) teilen und zu straffen, kleinen Kugeln formen. Mit Frischhaltefolie abdecken, damit sie keine Haut bekommen, und 15 Minuten entspannen lassen.

**3.** Nacheinander jede Kugel bemehlen und länglich so dünn wie nur möglich ausrollen – eine Pastamaschine leistet hier sehr gute Dienste (ich überspringe oft eine Stufe, also einmal auf 1 ausrollen, dann auf 3, dann auf 5 etc. Zwischendurch bemehlen nicht vergessen).

**4.** Die dünnen Teigstreifen direkt auf das Backpapier legen – zwei sollten nebeneinander passen –, dünn mit Öl bepinseln und nicht zu sparsam mit Salz und/oder Gewürzen bestreuen. Zusammen mit dem Backpapier (!) schwungvoll auf den vorgeheizten Stein gleiten lassen und in 3 bis 4 Minuten goldbraun und blasig backen, dabei einmal wenden.

**5.** Herausnehmen, auf einem Kuchengitter abkühlen lassen und die restlichen Teigkugeln ebenso backen. In einem luftdichten Behälter bleiben die Cracker bis zu 2 Wochen knusprig.

### Tipps

Für ein schnelles Mittagessen z. B. Kichererbsen, grob zerbröselte Cracker mit Olivenöl und Garam Masala anschwitzen und zu Salat und einem großen Klecks Joghurt servieren.

Sie hegen Ihren eigenen Sauerteig? Dessen Auffrischreste können hier wunderbar als Geschmacksgeber eingesetzt werden: 20 g Weizen-Anstellgut (TA 200) direkt aus dem Kühlschrank als Teigzutat in die Schüssel geben, Mehl und Wasser im Gegenzug um jeweils 10 g reduzieren.

Wer sich besonders kreativ austoben will, der kann – wie bei einem Pastateig – auch einzelne frische Kräuterblätter zwischen zwei Lagen Teig dünn ausrollen und backen – schmeckt und sieht sehr dekorativ aus!

# Bärlauch-Biscuits

### Zutaten für 9 Stück

#### Teig

½ Bund Bärlauch (alternativ andere Kräuter, z. B. Basilikum, oder ohne Kräuter)

125 ml Buttermilch

ca. 50 g Käse (z. B. Cheddar, Parmesan)

200 g Weizenmehl Type 405

½ TL feines Meersalz (3 g)

½ TL Backpulver

½ TL Natron

60 g kalte Butter

#### außerdem

2 EL (Butter-)Milch zum Einpinseln

Aktiv: 20 - 30 Min.

Start-to-finish: 30 - 40 Min.

Backen: 12 - 14 Min.

Haltbarkeit: am besten frisch

*Die Trennlinie zwischen amerikanischen Biscuits und Scones ist mehr als diffus. Betrachtet man Zutaten und Zubereitung, so unterscheiden sich diese beiden von Backpulver und Natron getriebenen Gebäcke vor allem durch ihre Verwendung. Scones kommen auf den Frühstückstisch, werden zum Tee serviert und sind meist süß, während Biscuits als Beilage fungieren, ähnlich wie unsere Brötchen. Meine grüne Variante mit Bärlauch und Käse ist nicht nur ein Hingucker, sondern schmeckt auch pur, ganz ohne Hauptgericht. Absolut unschlagbar ist aber der zeitliche Aufwand: Mit geübten Handgriffen kann man sie tatsächlich binnen einer halben Stunde aus dem Ofen holen!*

### Zubereitung

**1.** Zuerst den Bärlauch waschen, trocken tupfen und grob hacken. In einem hohen Gefäß mit Buttermilch aufgießen und mit einem Stabmixer glatt pürieren. Ein Backblech mit Backpapier auslegen und den Ofen auf 220 °C vorheizen.

**2.** Käse reiben und 35 g davon mit Mehl, Salz, Backpulver und Natron in einer Schüssel vermischen, dann die kalte Butter in etwa 2 cm großen Würfeln mit den Fingern grob ins Mehl reiben - es sollen noch größere Stücke sichtbar sein. Die Bärlauch-Buttermilch dazugießen und mit einer Gabel grob vermengen, bevor man den klebrigen Teig zügig von Hand zu einer Kugel formt. Weniger ist hier mehr, zu viel Kneten resultiert in festen Biscuits, die nicht locker aufgehen.

**3.** Auf einer bemehlten Arbeitsfläche mit den Händen und einer Teigkarte grob zu einem Rechteck von etwa 12 × 18 cm drücken, dann wie einen (kleinen) Briefbogen zu Dritteln übereinanderfalten. Nun mit einem Nudelholz der Länge nach fingerdick zu einem Rechteck ausrollen - wenn nötig immer wieder leicht bemehlen und mit der Teigkarte von der Arbeitsfläche lockern - und wieder falten, das obere und untere Drittel in der Mitte übereinanderschlagen (Abb. S. 91). Wer die Biscuits besonders luftig mag, dreht den Teig und wiederholt das Falten ein drittes Mal.

**4.** Den Teig zu einem Quadrat ausrollen (15 bis 16 cm) und mit einem großen Messer in 9 gleich große Teigquadrate schneiden, wobei glatte Schnitte ohne „Hin- und Hersägen" die Biscuits gleichmäßiger aufgehen lassen. Mit ein wenig Abstand auf das Blech setzen, nur die Oberseite mit (Butter-)Milch einstreichen und mit dem übrigen Käse bestreuen. In der Ofenmitte in 12 bis 14 Minuten goldbraun backen. Aus dem Ofen holen und am besten noch warm servieren.

# Blättrige Käsestangen – Retrogebäck

*Untrennbar mit den 1980er- und 1990er-Jahren verbunden waren eingeschweißte Partygebäck-Mischungen, mit salzigen Goldfischchen, Crackervarianten und blättrigem Käsegebäck, das sich schichtweise abknabbern ließ. Eine hauchzarte Luxusversion davon kann man mit geringem Aufwand selbst herstellen.*

*Das Grundrezept ist eine schnelle Version des klassischen Blätterteigs, die maximale Blättrigkeit bei minimalem Zeitaufwand erzeugt. Während der klassische Blätterteig in Maßarbeit eine eigens vorbereitete Butterplatte in wiederholten Faltvorgängen (sogenannte Touren) in hauchdünne Schichten laminiert, setzt ein Blitzblätterteig – im Englischen sehr charmant „rough puff" genannt – auf das kontrollierte Chaos. Eiskalte Butterstücke werden von Hand oder mit einer Küchenmaschine (Schneideinsatz) zügig und recht grob ins Mehl gerieben bzw. gehackt, nur um sich dann ebenfalls durch mehrmaliges Falten in dünnen Schichten im Teig zu verteilen und später beim Backen durch Verdunstung des Wasseranteils der Butter luftig aufzugehen. Da die Butter nicht wie beim klassischen Blätterteig sorgfältig umhüllt wird, ist das mitunter eine recht krümelige und klebrige Angelegenheit. Aber nichts, was man mit Teigkarte, etwas Mehl und beherztem Vorgehen nicht in den Griff bekommt!*

# Blättrige Käsestangen

## Zutaten für 2 Bleche

### Teig

125 g Weizenmehl Type 405 oder 550

½ TL feines Meersalz (2,5 g)

125 g sehr kalte (!) Butter

50–60 ml Wasser (<10 °C)

½ TL heller Essig (z. B. Weissweinessig)

### außerdem

40 g frisch geriebener Parmesan

Mehl zum Bearbeiten

Aktiv: 30–40 Min.

Start-to-finish: ca. 1½ Std.

Backen: 10–14 Min.

Haltbarkeit: bis zu 1 Woche

## Zubereitung

**1.** Mehl und Meersalz in einer Schüssel vermischen. Kalte Butter (notfalls 30 Minuten ins Gefrierfach packen) in 1,5 cm großen Würfeln mit den Fingern grob ins Mehl reiben (nicht so fein wie bei Mürbteig) – daraus ergeben sich die blättrigen Schichten (1). Eiskaltes Wasser genau abmessen, Essig zufügen und erst mal 50 ml der Flüssigkeit in den Teig geben. Mit einer Gabel alles grob vermengen und mit wenigen Handgriffen zu einer Teigkugel formen, die kaum zusammenhalten will – falls der Teig noch viel zu trocken wirkt, auch das restliche Wasser dazugeben (2).

**2.** Den sehr krümeligen Teig auf einer bemehlten Arbeitsfläche mit den Händen und einer Teigkarte zu einem dicken Rechteck drücken, bemehlen und mit einem Nudelholz mehr oder weniger rechteckig ausrollen (etwa 15 × 22 cm) und wie einen Briefbogen (1. einfache Tour) falten (3). Den Teig um 90 °C drehen (kurze Seite zu sich), ein etwas größeres Rechteck ausrollen, falten (2. Tour), wieder zu einem Rechteck ausrollen (etwa 18 × 27 cm) und die 3. Tour falten. Abschließend den Teig zu einem 1 cm dicken Rechteck ausrollen, bevor er in Frischhaltefolie gewickelt für mindestens 1 Stunde in den Kühlschrank kommt.

**3.** Wichtig: Schnelles Arbeiten ist beim Falten essenziell, dann sind keine Kühlphasen zwischen den einzelnen Touren nötig. Um gut mit dem zu Beginn krümeligen, klebrigen Teig klarzukommen, nutze ich meine Teigkarte zum Lösen, Falten und Begradigen des Teiges und bemehle diesen immer wieder leicht (!). Wird es etwa im Sommer doch einmal kritisch, kann man den Teig für 30 bis 60 Minuten in den Kühlschrank stellen. Die Maße beim Tourieren und Ausrollen sind übrigens zweitrangig, sie sollen Ihnen nur einen groben Anhaltspunkt liefern.

**4.** Zwei Backbleche mit Backpapier auslegen und den Ofen auf 200 °C vorheizen. Eine Hälfte des gekühlten Teiges auf einer bemehlten Arbeitsfläche 2 bis 3 mm dick rechteckig ausrollen, die Seiten mit einem Pizzacutter begradigen und als Ganzes auf das Backblech legen. Mit Wasser bepinseln, die Hälfte des Parmesans gleichmäßig darauf verteilen und in fingerdicke Streifen schneiden, diese behutsam mit etwas Abstand über das Blech verteilen, sonst backen sie zusammen (4).

**5.** In der Ofenmitte in 10 bis 14 Minuten goldbraun backen (zu dunkel schmecken sie bitter), herausnehmen, auf dem Blech abkühlen lassen und in einem luftdichten Behälter aufbewahren. Die zweite Teighälfte ebenso verarbeiten.

### Tipp

Dieser Blitzblätterteig funktioniert nur mit richtig kalten Zutaten. Zu Beginn einen Eiswürfel mit 60 ml Wasser aufgießen und 5 Minuten stehen lassen – so ist das Wasser wirklich eiskalt. Noch mal ohne Eiswürfel abmessen nicht vergessen! Eine Teigzubereitung im Blitzhacker geht auch (S. 147).

1

2

3

4

CORTEZ MILLING CO
COLO.

# Maisbrot-Muffins

*Wer einmal durch den Süden der USA gereist ist, der wird ihm verfallen sein - krümeligem Maisbrot, das gerne zu BBQs und Eintöpfen gegessen wird. Wenn man erst mal weiß, wie schnell es sich zubereiten lässt, wird man Chili con Carne und Co. nie wieder ohne servieren! Die Kombination mit Cheddar und Jalapeños ist ein Klassiker, aber der Kreativität sind keine Grenzen gesetzt. Angeschwitzte Zwiebeln, klein gehackte Paprika- und Chorizostückchen oder Maiskörner machen sich mindestens genauso gut im Maisbrot.*

### Zutaten für 6–8 Stück

**Teig**

optional: 25 g durchwachsener Speck

2 EL Olivenöl oder (Butter-) Schmalz

75 g Butter

30 g eingelegte Jalapeños (mehr davon zur Deko)

40 g Cheddar

200 g Maisgrieß (Polenta)

50 g Weizenmehl Type 550

2 TL brauner Zucker

1 TL Natron

½ TL feines Meersalz (3 g)

1 Ei (M–L)

200 ml Buttermilch

**Topping**

Maisgrieß (Polenta)

eingelegte Jalapeños

Aktiv: 15–20 Min.

Start-to-finish: ca. 45 Min.

Backen: 20–24 Min.

Haltbarkeit: 2–3 Tage

### Zubereitung

**1.** Den Speck klein würfeln und in einer Pfanne in dem Olivenöl oder Schmalz anrösten. Speckwürfel samt Öl auf 6 bzw. 8 Mulden eines Muffinblechs verteilen und diese einpinseln – für eine vegetarische Version die Speckwürfel weglassen und nur die Förmchen einfetten. Den Ofen auf 200 °C vorheizen.

**2.** Die Butter in einem kleinen Töpfchen schmelzen und zur Seite stellen. Die Jalapeños nicht zu fein hacken, den Cheddar reiben. Alle trockenen Zutaten in einer größeren Schüssel vermischen. Das Ei mit der Buttermilch glatt rühren, dann Jalapeños und Käse untermengen. Nun die flüssigen Zutaten mit einem Esslöffel oder Spatel unter die trockenen Zutaten mischen. Kurz aufquellen lassen, während man das Muffinblech für ein paar Minuten im Ofen vorheizt – die Maisbrot-Muffins gehen dann besonders gut auf.

**3.** Zuletzt noch die flüssige Butter unter den Teig rühren. Das Muffinblech aus dem Ofen holen (heiß!), den Teig auf die gefetteten Mulden verteilen (ich nehme dafür gerne einen Eisportionierer), mit ein wenig Maisgrieß bestreuen und mit einem Jalapeñosring belegen. Im Ofen auf der mittleren Schiene 20 bis 24 Minuten backen, die Ränder sind dann schon deutlich gebräunt (Kerntemperatur 90 bis 92 °C). Aus dem Ofen nehmen, nach 5 bis 10 Minuten aus der Form heben und noch warm – mit einem Stück Butter – servieren.

### Tipp

Alternativ kann man auch eine gefettete, gusseiserne Pfanne (etwa 24 cm Durchmesser) mit nicht zu niedrigem Rand nutzen und ein großes Brot aus dem Teig backen. Die Backzeit im Ofen kann sich dann um ein paar Minuten verlängern.

Diese Maisbrot-Muffins lassen sich am nächsten Tag sehr gut auftoasten. Oder man bricht Reste in mundgerechte Stücke, brät sie mit Butter, Zwiebeln, Paprikaschoten und Speck knusprig, bevor man Eier darüber aufschlägt – ein rustikales Frühstück mit Tex-Mex-Einschlag.

# Hauchdünne Biscotti-Cracker

*Ob Zwieback oder fingerdicke italienische Biscotti, das Grundprinzip ist dasselbe, ein Teig wird als Laib gebacken, in Scheiben geschnitten und noch ein zweites Mal gebacken. Das krachend-knusprige Ergebnis hat viele Fans. Mit dieser Methode und allerlei Nüssen, Samen und Trockenfrüchten lassen sich hauchdünne, würzige Cracker backen, die jeder Käseplatte die Show stehlen. Und das Beste: Sie können diese Cracker ganz nach Ihren Vorlieben anpassen!*

# Biscotti-Cracker

### Zutaten für 2 Bleche

### Teig

75 g Weizenmehl Type 550

50 g Weizenmehl Type 1050

25 g geriebener Parmesan

½ TL feines Meersalz (3 g)

½ TL Backpulver

125 ml Milch

10 g Honig

35 g Sonnenblumen- oder Kürbiskerne

35 g Trockenfrüchte (Sultaninen, Cranberrys etc.)

30 g ganze Nüsse (Mandeln, Walnüsse etc.)

Aktiv: ca. 45 Min.

Start-to-finish: ca. 3 Std.

Backen: ca. 30 Min. plus 30–40 Min.

Haltbarkeit: mehrere Wochen

### Zubereitung

**1.** Eine Minikastenform (maximal 18 × 8 cm) mit Backpapier auslegen und den Ofen auf 180 °C vorheizen. Mehl, Parmesan, Salz und Backpulver in einer Schüssel vermischen, dann Milch und Honig hinzugeben und mit einem Esslöffel oder Spatel unterrühren. Zuletzt noch Sonnenblumenkerne, Sultaninen und Mandeln gleichmäßig untermengen. Den klebrigen Teig in die Kastenform füllen und glatt streichen. In der Ofenmitte etwa 30 Minuten goldbraun backen (Kerntemperatur 90 °C).

**2.** Aus der Form holen, auf einem Rost 30 Minuten abkühlen lassen, dann in Frischhaltefolie einwickeln und etwa 2 Stunden im Gefrierfach anfrieren – danach lässt sich der Laib leichter in sehr dünne Scheiben schneiden.

**3.** Zwei Bleche mit Backpapier auslegen und den Ofen auf 125 °C Umluft vorheizen. Den angefrorenen Laib aus dem Gefrierfach holen und mit einem großen und sehr scharfen Messer in gleichmäßig dünne Scheiben (etwa 2 mm) schneiden, gerade so dünn, dass sie nicht zerbröseln, was zu Beginn schon ein wenig Übung erfordert.

**4.** Auf die beiden Backbleche verteilen und am besten nacheinander in der Ofenmitte in 15 bis 20 Minuten goldbraun backen. Damit sie länger haltbar sind und auch knusprig bleiben, müssen sie vollständig durchtrocknen. Am besten geschieht das unter Aufsicht, da sie je nach Position und Dicke unterschiedlich schnell backen und bräunen. Die gut gebräunten Cracker kann man schon wenden und sobald sie durchgetrocknet sind herausnehmen.

**5.** Auf einem Rost abkühlen lassen und in einem luftdichten Behälter aufbewahren. Das zweites Blech ebenso backen.

### Tipp

Solange die Mischung aus Trockenfrüchten, Kernen und Nüssen rund 100 g wiegt, kann ausprobiert werden, was einem schmeckt. Zu meinen Lieblingskombinationen gehören getrocknete Sauerkirschen, Walnüsse, Kürbiskerne oder getrocknete Aprikosen und Cranberrys, Mandeln mit ein wenig frischem Thymian oder Rosmarin.

# Gougères

**Zutaten für ca. 18 längliche Gougères oder 35 Minis**

### Teig

80 g Gruyère (15 g als Topping)

75 g Weizenmehl Type 405

¼ TL Cayennepfeffer (oder Piment d'Espelette)

125 ml Wasser

35 g Butter

¼ TL feines Meersalz (1,5 g)

2 Eier (L)

### Toppingalternative

1–2 EL Saatenmischung zum Bestreuen

Aktiv: 15–20 Min.

Start-to-finish: 35–45 Min.

Backen: 18–24 Min.

Haltbarkeit: am besten frisch

*Brandteig führt völlig zu Unrecht ein stiefmütterliches Dasein, denn eigentlich liefert er mit sehr wenig Aufwand nicht nur die Basis für köstlich gefüllte süße Eclairs und Cream Puffs (S. 177), sondern ist in Kombination mit würzigem Käse vor allem in Frankreich ein sehr beliebter Snack zum Aperitif. Auch wenn geriebener Gruyère die erste Wahl ist, so sind Comté, ein anderer Bergkäse oder gereifter Cheddar gute Alternativen.*

### Zubereitung

**1.** Den Gruyère fein reiben, etwa 15 g fürs Finish abwiegen und zur Seite stellen. Mehl abmessen und mit dem Gewürz der Wahl vermischen. Ein Backblech mit Backpapier auslegen – sehr praktisch sind auch ofenfeste Backmatten mit eingezeichneten Kreisen (eigentlich für Macarons). Für längliche Gougères einen Spritzbeutel mit französischer Sterntülle, für Minigougères einen Spritzbeutel mit Lochtülle (1 cm) vorbereiten und den Ofen auf 220 °C vorheizen.

**2.** Wasser, Butter und Salz in einem kleinen Topf zum Köcheln bringen und sobald die Butter geschmolzen ist, die Hitze reduzieren, das Mehl auf einmal dazugeben und mit einem Holzkochlöffel zu einem glatten Teigkloß rühren. Dieses Abbrennen dauert etwa 1 bis 2 Minuten, danach überzieht eine weiße Schicht den Topfboden. Vom Herd nehmen und 2 bis 3 Minuten abkühlen lassen, bevor man die Eier einzeln hinzufügt und unterrührt, bis ein homogener Teig entsteht, der schwer vom Löffel fällt. Zuletzt noch die 65 g Gruyère unterrühren.

**3.** Den Teig in den Spritzbeutel füllen und entweder 8 cm lange Streifen (Sterntülle) oder Tupfen mit etwa 3 bis 4 cm Durchmesser (Lochtülle) auf das Blech spritzen. Spitzen oder Enden mit nassem Finger glätten (da sie sonst schnell verbrennen), die Gougères mit Wasser besprühen und den restlichen Gruyère oder die Saatenmischung darüber verteilen.

**4.** In den Ofen schieben und die Temperatur direkt auf 200 °C reduzieren. In 22 bis 26 Minuten goldbraun backen. Man kann sie direkt nach dem Rausholen mit einem Messer anstechen, damit sie besser ausdampfen. Frisch gebacken, sind sie unschlagbar, aber sie lassen sich auch gut aufbacken – ein paar Minuten bei 180 °C genügen und sie werden wieder knusprig.

### Tipp

Noch Reste von ausgelassenem Speck im Kühlschrank? Dann ersetzen Sie 1 bis 2 TL der Butter damit! Auch 1 bis 2 TL frische Kräuter, Schinken oder Anchovis eignen sich gut zum Variieren, am Ende fein geschnitten mit dem geriebenen Käse unterrühren.

BON APPETIT

# Pita – Fladenbrot & Chips

*Sein eigenes Brot backen? Für viele leider immer noch eine aberwitzige Vorstellung. Fachausdrücke und neue Techniken lassen Anfänger verwirrt zurück, wo soll man nur anfangen? Da lege ich den Einstieg mit Fladenbroten ans Herz! Es ist keine spezielle Technik nötig und selbst wenn die Pitabrote mal nicht wie Ballons aufgehen sollten – frisch aus dem Ofen schmecken sie immer noch so viel besser als gekauft! Bonus: Aus den Resten lassen sich im Nu krosse Pita-Chips backen, die nicht nur gut zum Knabbern sind, sondern sich auch gut zum Löffeln von Hummus oder Labneh eignen.*

## Zubereitung

**1.** Alle Zutaten in der Knetschüssel der Küchenmaschine auf niedrigster Stufe vermengen, dann auf nächsthöherer Stufe 6 bis 8 Minuten zu einem glatten, leicht klebrigen Teig kneten. Mit Frischhaltefolie abgedeckt bei Zimmertemperatur 8 bis 10 Stunden reifen lassen – wer Zeit hat, faltet den Teig (S. 14) nach 2 und nach 4 Stunden, es geht aber auch ohne (so kann man den Teig vor der Arbeit ansetzen und abends backen).

**2.** Den Teig auf eine bemehlte Arbeitsfläche geben, Luft herausdrücken, in 8 gleich große Stücke teilen und diese zu straffen Kugeln formen. Mit Frischhaltefolie oder einem feuchten Tuch abgedeckt 30 Minuten entspannen lassen, inzwischen den Ofen mit einem Backstein oder Backblech (unten) mindestens 30 Minuten auf 250 °C vorheizen.

**3.** Eine bemehlte Teigkugel mit dem Nudelholz zu einem dünnen Fladen von 15 bis 17 cm Durchmesser ausrollen, dabei ständig wenden und drehen, damit dieser gleichmäßig rund wird. Nur so viele ausrollen, wie auf dem Backstein Platz haben. Zügig auf den heißen Backstein aufbringen und in 4 bis 5 Minuten fertig backen – sie bleiben sehr hell. Optimalerweise gehen sie zu einem Ballon auf, in jedem Fall sollte man sie nach 2 bis 3 Minuten wenden. Herausnehmen und sofort in ein sauberes Geschirrtuch einschlagen, so bleiben sie wunderbar weich und warm, während man die restlichen Pitas bäckt.

## Pita-Chips

Übrig gebliebene Pitabrote mit einem Messer oder einer Küchenschere wie eine Pizza in 6 oder 8 Stücke schneiden. Ist die Pita zuvor ballonmäßig aufgegangen, lässt sich jedes Segment noch mal teilen, die Chips werden dann besonders dünn und knusprig. In einer großen Schüssel mit Olivenöl beträufeln und behutsam mit einer Hand vermengen, bis alle Brotstücke ein wenig benetzt sind. Mit etwas Salz und Gewürzen nach Wahl bestreuen (unbedingt mal mit Harissa, Zatar, Ras el Hanout oder Garam Masala probieren), wieder durchmengen, auf einem Backblech verteilen und im vorgeheizten Ofen (Mitte) bei 200 °C in 8 bis 12 Minuten knusprig und goldbraun backen. Ein wenig abkühlen lassen und pur oder zu Mezze knabbern.

Grobe Faustregel: je Pitabrot etwa 1 EL Olivenöl und ½ bis 1 TL Gewürze.

# Pita

### Zutaten für 8 Fladenbrote

**Teig**

360 g Weizenmehl Type 550
40 g Weizenvollkornmehl
4 g frische Hefe
1½ TL feines Meersalz (9 g)
½ TL Zucker
275 ml kaltes Wasser (20 °C)
½ EL Olivenöl

**Topping**

einige EL Olivenöl/Chiliöl/Sesamöl
Gewürze nach Geschmack (z. B. grobes Meersalz, Dukkah, Zatar, abgeriebene Zitronenschale, Sesam etc.)

Aktiv: 30 – 40 Min.
Start-to-finish: 9 – 11½ Std.
Backen: jeweils 4 – 5 Min.
Haltbarkeit: am besten frisch, aufgebacken als Chips

# SÜSS:
## Für den Frühstückstisch

*Ein Frühstück ohne Marmelade oder Honig ist für Sie nicht vorstellbar? Dann haben Sie die Wahl: butterweiche Milchbrötchen mit zartem Tee-Aroma und Rosinen, eine herrlich flaumige Challah, die durch Kartoffeln lange saftig bleibt, aromatisch duftender Buttermilchtoast. Oder darf es ein Abstecher sein: nach Frankreich mit selbst gebackenen Croissants oder doch nach Mallorca mit unwiderstehlich luftigen Ensaimadas? Und da wären ja noch: traditionelle britische Scones, ein tieforangefarbener Kürbiskuchen mit vielen Gewürzen, Haferflockenriegel mit einer fruchtigen Pflaumenfüllung, wenn's mal schnell gehen muss, die allseits beliebten Zimtschnecken oder eine Malzkaffee-Babka, die auch Schokoliebhaber glücklich machen wird …*

# Kanelbullar & Zimtschnecken

*Ideengeber für den Namen meines Backbuchs waren Zimtschnecken bzw. Kanelbullar – duftet doch nichts in der Küche auch nur annähernd so verführerisch –, vorausgesetzt, man mag Zimt. Der reichhaltige Teig profitiert gleich doppelt von einer langsamen Gehphase im Kühlschrank, er wird nicht nur geschmacksintensiver, sondern ist auch leichter zu verarbeiten. Also perfekt für ein Sonntagsfrühstück.*

*Während man Zimtschnecken ganz klassisch aus einer großen Teigrolle schneidet, werden die schwedischen Kanelbullar eher lässig geschlungen und es gibt sie in unterschiedlichsten Varianten: Die Teigstreifen können z. B. noch mal längs dreigeteilt, geflochten und dann erst aufgerollt werden. Man kann sie locker verdreht zu einer flachen Schnecke legen … oder jede Variante in einem gebutterten Muffinblech backen … vielleicht fällt Ihnen ja auch etwas ganz anderes ein?*

*Sie lassen sich übrigens perfekt auf Vorrat zubereiten und einfrieren. Sollen sie aufgebacken auf den Frühstückstisch, bedarf es keinerlei Planung: Aus dem Gefrierfach nehmen, mit Wasser besprühen oder ganz kurz durch einen Wasserstrahl ziehen und direkt in den kalten Ofen geben (Rost/Mitte). Sie werden bei 160 °C Umluft in 8 bis 12 Minuten aufgebacken und schmecken fast so gut wie frisch gebacken!*

50 Lbs. Net
SUNNY

# Kanelbullar & Zimtschnecken

### Zutaten für ca. 16 Stück

**Teig**

250 ml lauwarme Milch (25 °C)
15 g frische Hefe
500 g Weizenmehl Type 405
75 g weißer Zucker
½ TL feines Meersalz (2,5 g)
½ TL gemahlener Kardamom
1 Ei (M–L)
100 g kalte Butter

**Zimt-Zucker-Füllung**

100 g weiche Butter
100 g heller Muscovadozucker
½ TL feines Meersalz (2,5 g)
2 TL (Ceylon-)Zimtpulver

**Guss**

1 Ei
2 EL Milch
1 Prise Salz
optional: 1–2 EL Hagelzucker

**außerdem**

ein paar Tropfen Pflanzenöl für die Schüssel

Aktiv: ca. 1 Std.
Start-to-finish: 12–14 Std.
Backen: 15–18 Min.
Haltbarkeit: frisch, gut zum Einfrieren

### Zubereitung

**1.** Die lauwarme Milch und die Hefe in der Rührschüssel der Küchenmaschine kurz durchrühren. Mit Ausnahme der Butter alle Teigzutaten dazugeben und mit den Knethaken bei niedriger Geschwindigkeit 3 bis 5 Minuten zu einem glatten Teig verkneten. Die kalte Butter in kleinen Stücken zufügen und weitere 5 Minuten kneten. Der Teig sollte sich gerade von der Schüssel lösen, er wird aber noch klebrig sein.

**2.** Den Teig mit geölten Händen zu einer Kugel formen, in einer großen Schüssel mit Deckel oder Frischhaltefolie am besten über Nacht (10 bis 12 Stunden) im Kühlschrank gehen lassen, er sollte sich knapp verdoppeln. Die Butter für die Füllung schon aus dem Kühlschrank nehmen.

**3.** Für die Füllung am nächsten Morgen die weiche Butter mit den restlichen Zutaten z. B. mit dem Flachrührer der Küchenmaschine glatt rühren. Zwei Bleche mit Backpapier auslegen und die Gusszutaten in einer kleinen Schüssel verrühren. Den Teig aus dem Kühlschrank nehmen, die Luft herausdrücken und halbieren – so lässt er sich leichter ausrollen und man kann unterschiedliche Formen zubereiten.

**4.** Klassische Zimtschnecken: Eine Teighälfte auf der leicht bemehlten Arbeitsfläche rechteckig ausrollen (etwa 30 × 40 cm) und gleichmäßig mit der Hälfte der Zimtbutter bestreichen. Von der kurzen Seite aus locker aufrollen, den Saum gut mit den Fingern zusammenzwicken und mit einem scharfen Messer in 8 gleich große Scheiben schneiden. Mit Abstand auf ein Blech setzen, mit dem Guss einpinseln und 1 bis 1½ Stunden gehen lassen. Den Ofen rechtzeitig auf 180 °C vorheizen.

**5.** Kanelbullar: Die zweite Teighälfte identisch ausrollen (kurze Seite zu sich), mit der restlichen Zimtbutter bestreichen, dann die obere Teighälfte deckungsgleich nach unten klappen und andrücken. Mit einem Pizzacutter in 8 gleich große Streifen (etwa 20 × 2 cm) schneiden. Einen Streifen an beiden Enden greifen, in sich verdrehen, leicht auseinander ziehen und an einem Ende um sich selbst (und die haltenden Finger) wickeln – wie bei einem Wollknäuel. Das lose Ende zum Fixieren drunter stecken und auf das zweite Blech setzen. Mit Guss einpinseln und 1 bis 1½ Stunden gehen lassen.

**6.** Das erste Blech ein zweites Mal mit Guss einpinseln, wer mag, bestreut die Schnecken noch mit Hagelzucker. In der Ofenmitte in 15 bis 18 Minuten goldbraun backen (Kerntemperatur 90 bis 92 °C), zur Halbzeit kann man das Blech für ein gleichmäßiges Backergebnis einmal drehen. Herausnehmen und das zweite Blech ebenso vorbereiten und backen.

# Haferflocken-riegel mit Pflaumen

*Natürlich wird nicht jedes Frühstück ausgiebig mit frischem Gebäck zelebriert, mitunter muss es schnell gehen und Müsli oder Zerealien sind die erste Wahl. Ähnlich praktisch sind selbst gebackene fruchtige Haferflockenriegel, die nach dem Backen griffbereit im Kühlschrank liegen und sogar zwischen Tür und Angel eine gute Figur machen.*

**Zutaten für 8–10 Stück**

**Füllung**

3–4 dunkle Pflaumen

30–40 g weißer Zucker (nach Geschmack)

½ TL Zimtpulver

2 TL Maisstärke

Saft einer halben Zitrone

**Teig**

100 g Weizenmehl Type 405

75 g feine Haferflocken

25 g grobe Haferflocken

125 g heller Muscovadozucker

½ TL Backpulver

¼ TL feines Meersalz (1,5 g)

125 g kalte Butter

Aktiv: 25–35 Min.

Start-to-finish: ca. 1 Std.

Backen: 40–50 Min.

Haltbarkeit: gekühlt min. 1 Woche

**Zubereitung**

**1.** Mit der Füllung beginnen: Die Pflaumen waschen, abtrocknen, klein schneiden und 250 g abwiegen. Mit den restlichen Zutaten in einem kleinen Topf gut vermengen. Zugedeckt zum Köcheln bringen, sind die Pflaumen noch sehr trocken, gibt man 1 bis 2 EL Wasser hinzu. In 10 bis 15 Minuten unter gelegentlichem Umrühren auf niedriger Temperatur weich köcheln, dann vom Herd nehmen, glatt pürieren und abschmecken, ob die Pflaumenfüllung süß genug ist oder mehr Zucker bedarf.

**2.** Während die Pflaumen köcheln, den Ofen auf 180 °C vorheizen. Eine Brownie-Backform (etwa 20 × 20 cm) mit überhängendem Backpapier auslegen, damit man den gebackenen Riegel später ganz leicht herausheben kann. Für den Teig alle trockenen Zutaten in einer Schüssel gut vermischen, dann die kalte Butter in Würfeln zwischen den Fingern in die anderen Zutaten reiben und zu einem Streuselteig abbröseln.

**3.** Gut zwei Drittel der Streusel (mindestens 300 g) in die Backform geben und mit den Händen bis in die Ecken der Form zu einem glatten, gleichmäßig dicken Teigboden festdrücken. In der Ofenmitte 12 bis 15 Minuten vorbacken.

**4.** Aus dem Ofen holen, die Pflaumenfüllung darauf verteilen und vorsichtig glatt streichen, z. B. mit einem Löffelrücken, damit der noch sehr weiche Boden darunter nicht beschädigt wird. Zum Schluss die restlichen Teigstreusel darüber verteilen. Im Ofen in 25 bis 35 Minuten goldbraun backen.

**5.** Herausnehmen und vollständig in der Form abkühlen lassen, dann mithilfe des Backpapiers aus der Form heben. Mit einem großen Messer in große Riegel oder kleine Happen schneiden. Am besten bewahrt man die Haferflockenriegel – getrennt durch einer Lage Backpapier – in einer Frischhaltedose im Kühlschrank auf.

**Tipp**

Alternativ eignen sich fast alle Früchte mit einer gewissen Säure als Füllung – Sauerkirschen, Beeren und Aprikosen sind meine persönlichen Favoriten.

# Challah mit Kartoffel

*Seit ich vor vielen Jahren im Münchner Restaurant Schmock eine frisch gebackene Challah als Frühstücksbrot serviert bekam, war es um mich geschehen. Dieser wunderbare jüdische Hefezopf – traditionell ohne Milchprodukte zubereitet – war so himmlisch flaumig, dass ich natürlich nicht eher Ruhe gab, bis ich ihn erfolgreich nachgebacken hatte. Mein Rezept hat über die Jahre viele Variationen erfahren, aber eine meiner liebsten Varianten ist die unscheinbare Zugabe von gekochter Kartoffel. Durch ihre Fähigkeit zur Wasserbindung bekommt das Gebäck eine höhere Hydration und bleibt länger saftig und frisch.*

*Falls Sie Gefallen an der Challah finden und eine persönliche Herausforderung suchen, empfehle ich Ihnen mal nach anspruchsvollen Flechtvarianten zu googeln, etwa „12 strand braid", „Spiralzopf", „Kreuzzopf" und „Winston". Es ist schon sagenhaft, welch kunstvolle Zopfkreationen man mit bis zu 12 Teigsträngen flechten kann!*

# Challah mit Kartoffel

**Zutaten für 1 großen Zopf**

**Teig**

400 g Weizenmehl Type 405

50 g weißer Zucker

16 g frische Hefe

75-90 ml kaltes Wasser (20 °C)

90 g gekochte, geschälte Kartoffel (auch vom Vortag)

2 Eier (M-L)

50 g Sonnenblumen- oder Olivenöl

1¼ TL feines Meersalz (7,5 g)

**Guss**

restliches Ei vom Teig

1-2 EL Wasser

1 Prise feines Meersalz

optional: 1-2 EL Mohn oder Sesam

Aktiv: 30-40 Min.

Start-to-finish: 4-5 Std.

Backen: 25-35 Min.

Haltbarkeit: 3-4 Tage

**Zubereitung**

**1.** Mehl und Zucker in der Knetschüssel der Küchenmaschine vermischen, eine Vertiefung hineindrücken, die Hefe hineinkrümeln, mit dem Wasser begießen und nur Wasser und Hefe ein wenig verrühren. Dieses Dampferl abgedeckt in 10 bis 15 Minuten blasig werden lassen. Inzwischen die Kartoffel mit einer Gabel zerdrücken und abwiegen. Die zwei Eier in einer kleinen Schüssel gut verrühren, 65 g für den Teig abwiegen, den Rest mit den anderen Zutaten für den Guss verrühren und abgedeckt kalt stellen.

**2.** Zerdrückte Kartoffel, Ei und Öl zum Teig geben und mit dem Knethaken 4 bis 5 Minuten langsam kneten, dann erst salzen (besser für die Teigstabilität) und weitere 4 bis 5 Minuten zu einem elastischen Teig kneten. Setzt sich dabei Teig am Schüsselrand ab, diesen zwischendurch mit einem Spatel abstreifen. Den noch leicht klebrigen Teig mit eingeölten Händen zu einer Kugel formen und mit Frischhaltefolie abgedeckt in 1½ Stunden mindestens um die Hälfte aufgehen lassen.

**3.** Ein Backblech mit Backpapier auslegen. Die Luft aus dem Teig drücken, ihn in 3 oder 4 gleich große Portionen teilen, diese grob länglich formen (Luftblasen dabei aufstechen) und 10 Minuten abgedeckt entspannen lassen, bevor man sie mit beiden Händen zu gut 40 cm langen Teigsträngen rollt. Hier ist ein wenig Fingerspitzengefühl gefragt, ist der Teig sehr klebrig, bestäubt man ihn beim Formen mit Mehl, wobei ein Zuviel an Mehl das Rollen ebenfalls erschwert. Und wenn die Stränge partout nicht länger werden wollen, einfach ein paar Minuten abgedeckt entspannen lassen - dann geht es gleich leichter!

**4.** Die Stränge mit ein wenig Abstand parallel zueinander platzieren, am oberen Ende fest zwischen Daumen und Zeigefinger zusammenpressen und locker - sie brauchen Raum zum Aufgehen - bis zum Ende flechten, das man wie den Anfang fest zusammenkneift. Zum Ausgleichen und Lockern den gesamten Zopf kurz behutsam hin und her rollen (wie zuvor die Teigstränge), dann für eine schöne Optik beide Enden unter den Zopf schlagen und auf das vorbereitete Blech setzen. Challah gleichmäßig mit dem Guss bestreichen, bevor sie 1 bis 2 Stunden gehen darf - bei mir gern im Ofen mit angeschalteter Ofenlampe. Aber Rausnehmen vor dem Vorheizen nicht vergessen!

**5.** Den Ofen auf 180 °C vorheizen. Challah ein zweites Mal mit dem Guss einpinseln, wer mag, bestreut sie noch mit Mohn oder Sesam. Auf der zweiten Schiene von unten 25 bis 35 Minuten backen (Kerntemperatur mindestens 93 °C). Die Zeit variiert auch abhängig von der Zopfform, wobei eine Challah klassisch eher dunkel gebacken wird - wer sie heller mag, deckt sie rechtzeitig mit Backpapier ab. Aus dem Ofen nehmen und vor dem Anschneiden komplett abkühlen lassen. Durch die zugegebene Kartoffel bleibt die Challah 3 bis 4 Tage herrlich saftig.

# Kürbiskuchen mit Gewürzen

**Zutaten für Kastenform ca. 25 x 10 cm**

**Teig**

125 g zimmerwarme Butter

100 g weißer Zucker

75 g heller Muscovadozucker

2 Eier (M–L)

200 g Kürbispüree*

200 g Weizenmehl Type 405

¾ TL Natron

½ TL Backpulver

½ TL feines Meersalz (3 g)

1 TL (Ceylon-)Zimtpulver

½ TL Ingwerpulver

¼ TL Nelkenpulver

¼ TL frisch geriebene Muskatnuss

¼ TL Vanillepaste

35–50 ml Buttermilch (alternativ Kefir oder Schmand-Milch-Mischung)

**außerdem**

Butter für die Form

Aktiv: 15–20 Min.

Start-to-finish: 65–80 Min.

Backen: 50–60 Min.

Haltbarkeit: gekühlt 4–5 Tage

*Kuchen mit einem Püree aus Früchten oder Gemüse – wie etwa Bananen, Zucchini oder Äpfeln – werden im Englischen einfach Banana Bread etc. genannt. Was im deutschsprachigen Raum schon mal kurz für begriffliche Verwirrung sorgen kann, denkt man hier beim Wort Brot doch an etwas ganz anderes. Egal, ob Sie das Backresultat dieses Rezepts lieber als Pumpkin Bread wie in den USA oder als Kürbiskuchen betiteln, es ist supersaftig und kommt auch noch mit der perfekten Herbstfarbe daher. Ich mag ihn übrigens am liebsten kalt aus dem Kühlschrank!*

**Zubereitung**

**1.** Den Backofen auf 180 °C vorheizen. Eine Kastenform (etwa 25 x 10 cm) mit Butter einfetten oder mit Backpapier auskleiden.

**2.** Weiche Butter und beide Zucker in der Knetschüssel mit dem Flachrührer der Küchenmaschine oder den Quirlen des Handrührgeräts 3 bis 4 Minuten hell und cremig rühren, die Eier nacheinander gut unterrühren. Das Kürbispüree dazugeben und nicht erschrecken, falls sich die Masse trennen sollte – das legt sich beim nächsten Schritt.

**3.** Das Mehl mit allen restlichen Zutaten – außer der Buttermilch – vermischen und langsam untermengen. Zum Schluss die Buttermilch nach und nach unterrühren, entscheidend ist die finale Konsistenz, der Teig soll eher dick und cremig sein, weniger flüssig.

**4.** Den Teig in die Form füllen, glatt streichen und auf der zweiten Schiene von unten 50 bis 60 Minuten backen. (Soll der Kuchen gleichmäßig mittig aufreißen, kann man ihn nach 15 Minuten Backzeit im Ofen mit einem gefetteten spitzen Messer der Länge nach etwa 1 cm einschneiden.)

**5.** Zum Ende hin den Backfortschritt per Stäbchenprobe testen oder – am zuverlässigsten – die Kerntemperatur des Gebäcks mit einem digitalen Thermometer messen. Sobald 93 bis 95 °C erreicht sind, den Kuchen herausnehmen, 10 Minuten ruhen lassen, dann stürzen oder mit dem Backpapier aus der Form heben und vollständig abkühlen lassen.

* Kürbispüree kann man ganz einfach selbst machen: Ungeschälten Hokkaido-Kürbis in 2 bis 3 cm große Würfel schneiden, mit Wasser bedecken und in etwa 15 Minuten (Messerprobe) weich kochen. Kochwasser abgießen, kurz ausdampfen lassen, dann mit dem Pürierstab glatt pürieren und abkühlen lassen. Hält sich im Kühlschrank mehrere Tage.

# Croissants

*Selbst gebackene Croissants zum Frühstück? Eine gute Idee, die in der Praxis leider nicht ganz einfach umzusetzen ist. Weil die wichtigste Zutat in diesem Fall Zeit ist. Croissants geben die Bearbeitungsdauer vor, ob es einem gefällt oder nicht. Und ja, sie sind tatsächlich eins der frustrierendsten Backprojekte, das man in Angriff nehmen kann. Dafür ist der Triumph, wenn es dann endlich klappt, umso schöner!*

*Meine Routine beginnt inzwischen am späteren Freitagabend mit dem Ansetzen des Teiges. Am Samstagvormittag wird die Butterplatte eingearbeitet, dabei werden drei einfache Touren gefaltet, bevor es an die Stückgare und ans Backen geht. Dafür brauche ich die Croissants am Sonntagmorgen dann nur kurz aufbacken und muss das Frühstück nicht infolge mangelnder Teig-Kooperation bis in den Nachmittag verschieben … alles schon erlebt!*

*Ein paar grundsätzliche Punkte, die den Erfolg maßgeblich beeinflussen:*

- **Butterplatte und Teig müssen beim Tourenfalten die richtige Temperatur haben,** *zu weich/warm und die Butter schmiert und schmilzt, zu kalt und die Platte bricht und es gibt keine sauberen 27 Schichten. Im Zweifel immer wieder zwischendurch kühlen. Willkommener Nebeneffekt: Die Glutenstruktur im Teig entspannt sich, und dieser lässt sich leichter ausrollen.*
- **Wenig zusätzliches Mehl einarbeiten,** *vor dem Falten am besten den Teig abpinseln - sonst verbinden sich die einzelnen Schichten unregelmäßig.*
- **Nur Richtwerte** *für Ihre ersten Croissantversuche sind die Zentimeterangaben beim Tourenfalten, ebenso der Zeitplan. Wenn Sie das Grundprinzip beherrschen, können Sie die Croissants auch geformt über Nacht im Kühlschrank gehen lassen - vorausgesetzt, Sie haben so viel Platz.*
- **Der Weg ist das Ziel!** *Man braucht einfach ein paar Anläufe, bis man die einzelnen Schritte verinnerlicht hat und sich verbessern kann. Und: Selbst weniger perfekte Croissants schmecken noch ziemlich gut!*

# Croissants

## Zutaten für 9 Stück

### Teig

100 ml lauwarmes Wasser (25–30 °C)

15 g frische Hefe

250 g Weizenmehl Type 405

50 g Manitobamehl (alternativ Weizenmehl Type 550/405)

30 g weißer Zucker

75 ml kalte Vollmilch

1 TL feines Meersalz (6 g)

25 g kalte Butter

### Butterplatte

150 g Butter

### Guss

1 Ei (M–L)

2 EL Vollmilch

1 Prise feines Meersalz

### außerdem

Öl für den Behälter

Aktiv: 1–1½ Std.

Start-to-finish: 14–18 Std.

Backen: 18–20 Min.

Haltbarkeit: bis zu 2 Tagen

### Zubereitung

**1.** Am Vorabend den Teig ansetzen: Das lauwarme Wasser mit der Hefe in der Knetschüssel der Küchenmaschine verrühren, dann die restlichen Zutaten – mit Ausnahme von Salz und Butter – dazugeben und 2 bis 3 Minuten bei niedriger Geschwindigkeit verkneten. Salz und Butter in Würfeln zugeben und weitere 2 bis 3 Minuten kneten. Der Teig sollte glatt und leicht klebrig sein, aber noch keine große Elastizität aufgebaut haben – diese wäre später beim Ausrollen eher hinderlich. Grob zu einem Rechteck formen bzw. ausrollen (etwa 25 × 18 cm) und in einem leicht geölten Behälter, abgedeckt oder in Frischhaltefolie gewickelt, 8 bis 12 Stunden im Kühlschrank reifen lassen.

**2.** Für die Butterplatte die Butter in 1 cm dicke Scheiben schneiden und diese nebeneinander in einen 1-Liter-Ziploc-Beutel (etwa 20 × 18 cm) geben. Luft herausdrücken, verschließen und die Butter zu einer einheitlich dünnen Platte (bis in die Ecken!) ausrollen (alternativ Backpapier auf diese Größe falten und Butter dazwischen ausrollen). Ebenfalls im Kühlschrank fest werden lassen.

**3.** Am nächsten Morgen den Teig auf einer bemehlten Arbeitsfläche zu einem Rechteck, doppelt so groß wie die Butterplatte, ausrollen, diese aus dem Kühlschrank nehmen und – sobald sie gerade formbar wird – auf eine Seite des Rechtecks legen (1), die andere Seite darüberklappen und die Butter vollständig umschließen. Auf etwa 50 × 30 cm möglichst rechteckig ausrollen (dabei sparsam bemehlen), wie einen Briefbogen zu Dritteln falten (2) – 1. Tour = 3 Butterschichten – und, in Frischhaltefolie gewickelt, für 30 bis 60 Minuten in den Kühlschrank legen.

**4.** Den Teig gedreht der Länge nach wieder auf 50 × 30 cm ausrollen, wieder wie einen Briefbogen falten und erneut 30 bis 60 Minuten kühlen (2. Tour = 9 Butterschichten). Dann eine 3. Tour falten (= 27 Butterschichten) und nochmals 30 bis 60 Minuten kühlen. Zwei Backbleche mit Backpapier auslegen.

**5.** Den Teig auf der leicht bemehlten Arbeitsfläche rechteckig auf 50 × 25 cm ausrollen und Dreiecke markieren: An einer langen Seite alle 10 cm markieren, auf der gegenüberliegenden genau dazwischen. Mit Pizzacutter und Lineal in Dreiecke schneiden (3), behutsam etwas länger ziehen und unter Spannung von der breiten Seite zur Spitze aufrollen. Mit Abstand zueinander auf die Spitze setzen, Gusszutaten verrühren und die Croissants behutsam damit bestreichen.

**6.** Je nach Raumtemperatur in 2 bis 3 Stunden zu etwa doppelter Größe aufgehen lassen. Während der Ofen auf 200 °C vorgeheizt wird, ein weiteres Mal mit dem Guss einpinseln – und zwar sehr behutsam, die Croissants sind jetzt sehr fragil! In den Ofen schieben und in 15 bis 18 Minuten goldbraun backen.

1

2

3

4

# Buttermilch-toast

### Zutaten für 1 Laib

**Teig**

400 g Weizenmehl Type 550
1 EL weißer Zucker
10 g frische Hefe
300 ml kalte Buttermilch
1¼ TL feines Meersalz (8 g)
30 g kalte Butter

**außerdem**

Butter zum Einfetten der Form
ca. 125 ml kochendes Wasser zum Schwaden

Aktiv: 35–45 Min.
Start-to-finish: ca. 3½ Std.
Backen: 30–40 Min.
Haltbarkeit: 3–4 Tage

*Wie das duftet! Wirklich, schnuppern Sie mal an diesem Toastbrot, absolut unwiderstehlich. Egal, ob Sie es frisch essen oder toasten, danach sind Sie für alle Zeiten verdorben für eine industriell abgepackte Version.*

*Bei uns wird üblicherweise der ganze Laib in Scheiben geschnitten und ein Teil davon in kleinen Portionen eingefroren, für alle Fälle. Superpraktisch: Die Scheiben lassen sich direkt von der Gefriertruhe in den Toaster stecken. Schneller bekommen Sie selbst gebackenen heißen Toast nicht auf Ihren Frühstücksteller!*

### Zubereitung

**1.** Alle Zutaten außer Salz und Butter in die Knetschüssel der Küchenmaschine geben und bei niedriger Geschwindigkeit vermengen. Bei mittlerer Geschwindigkeit 5 Minuten kneten, dann zuerst das Salz, nach 1 Minute die Butter in Würfeln zugeben und weitere 5 bis 8 Minuten kneten. Der immer noch klebrige Teig sollte die Schüssel zum Schluss gesäubert haben, wunderbar geschmeidig sein und glänzen.

**2.** Mit Frischhaltefolie abgedeckt 1 bis 1½ Stunden gehen lassen, dabei jede halbe Stunde eine Runde falten. Dazu den Teig am Schüsselrand hochziehen und über die Mitte zur anderen Seite legen, die Schüssel um 90 °C drehen und wiederholen, bis von allen 4 Seiten gefaltet wurde (verbessert die Teigstabilität). Eine Kastenform (etwa 25 × 10 cm) mit Butter einfetten.

**3.** Den Teig auf eine bemehlte Arbeitsfläche geben und mit einem Nudelholz zu einem Rechteck in Breite der Kastenform ausrollen, dabei größere Luftblasen aufstechen oder zerdrücken. Den Teig von oben einrollen, dabei immer wieder mit den Fingerspitzen unten im Teig andrücken. Die Rolle am Teigende gut mit den Finger verschließen und mit dem Schluss nach unten in die Form legen.

**4.** Den Teig noch mal 30 bis 60 Minuten gehen lassen, er sollte sich mindestens um die Hälfte vergrößern. Rechtzeitig den Ofen auf 220 °C vorheizen und ein Gefäß zum Schwaden (S. 15) auf dem Ofenboden miterhitzen.

**5.** Die gefüllte Kastenform auf der 2. Schiene von unten in den Ofen schieben und direkt mit kochendem Wasser schwaden. Nach 10 Minuten entschwaden, die Temperatur auf 200 °C reduzieren und in 20 bis 30 Minuten fertig backen (Kerntemperatur 93 bis 95 °C). Falls das Toastbrot zum Ende hin zu dunkel wird, mit Backpapier abdecken. Herausnehmen, nach ein paar Minuten aus der Form stürzen und auf einem Gitterrost auskühlen lassen.

# Ensaimadas

*Man nehme das Prinzip des Strudelteig-Ausziehens, das Aufrollen von Zimtschnecken sowie eine Extraportion Fett und Puderzucker und heraus kommt ein typisch mallorquinisches Rezept, welches die Augen von Hefegebäckliebhabern zum Strahlen bringt. Während Ensaimadas klassisch mit Schweineschmalz bestrichen werden, schmecken sie mit Butter natürlich ebenso gut – lassen Sie Ihre persönliche Präferenz entscheiden. Und sparen Sie bloß nicht damit, wenn Sie den ausgezogenen Teig bestreichen, denn so bleibt die wunderbare Schneckenstruktur innerhalb des Teiges besser bis nach dem Backen erkennbar.*

*Auch was ihre Größe betrifft, können Sie variieren und statt 6 kleiner Schnecken auch nur 2 große aus dem Teig formen, dann verlängert sich allerdings nicht nur die Backzeit um ein paar Minuten, sondern es bedarf auch deutlich mehr Arbeitsfläche zum Ausziehen!*

# Ensaimadas

### Zutaten für 6 kleine oder 2 große

**Teig**

400 g Weizenmehl Type 405

75 g weißer Zucker

½ TL feines Meersalz (3 g)

15 g frische Hefe

160 - 180 ml Vollmilch

1 Ei (L)

2 EL Sonnenblumenöl oder Olivenöl

**Zum Bestreichen**

75 - 100 g Schweineschmalz/ Butter

**Finish**

optional: 1 - 2 EL Butter

Puderzucker

**außerdem**

mehr Öl für die Arbeitsfläche

Aktiv: 40 - 50 Min.

Start-to-finish: 3 - 3½ Std.

Backen: 10 - 14 Min.

Haltbarkeit: am besten frisch

### Zubereitung

**1.** Mehl, Zucker und Salz in der Knetschüssel der Küchenmaschine vermischen, eine Vertiefung hineindrücken, die Hefe hineinkrümeln, mit der Hälfte der Milch begießen und nur Hefe und Milch ein wenig verrühren. Dampferl abgedeckt in 15 bis 20 Minuten blasig werden lassen. Restliche Teigzutaten zugeben und mit dem Knethaken vermischen und in 4 bis 5 Minuten zu einem glatten, noch leicht klebrigen Teig kneten. Mit eingeölten Händen zu einer Kugel formen und mit Frischhaltefolie abgedeckt in 1 bis 1½ Stunden mindestens um die Hälfte aufgehen lassen. Schmalz oder Butter zum Bestreichen aus dem Kühlschrank nehmen.

**2.** Den Teig in 6 (oder 2) gleich große Portionen teilen, zu straffen Kugeln formen und mit Frischhaltefolie abgedeckt 15 Minuten entspannen lassen. Zwei Bleche mit Backpapier auslegen und eine großzügige Arbeitsfläche (mindestens 50 × 70 cm) mit ein wenig Öl einreiben.

**3.** Eine Teigkugel mit wenig Öl einreiben und möglichst dünn grob oval oder rechteckig ausrollen und behutsam mit öligen Fingern an den Rändern noch größer drücken und ziehen (mindestens 50 × 30 cm), ganz ähnlich wie bei Strudelteig. Kleine Löcher sind dabei nicht weiter tragisch. Am besten mit den Fingern etwa 15 g Butter darauf verstreichen, von der langen Seite her aufrollen und 10 Minuten entspannen lassen, während man die anderen Kugeln ebenso bearbeitet.

**4.** Den Teigstrang danach behutsam zwischen öligen Händen länger ziehen und als lockere Schnecke - die Stränge sollten sich kaum berühren und beim Aufrollen ein wenig in sich verdreht werden - auf eins der Bleche legen. Wenn alle Ensaimadas geformt sind, diese mit Frischhaltefolie abdecken und mindestens 1 Stunde gehen lassen, zum Ende hin den Ofen auf 200 °C vorheizen.

**5.** Beide Bleche nacheinander in der Ofenmitte in 10 bis 14 Minuten goldbraun backen (Kerntemperatur 90 bis 92 °C). Herausnehmen, wer mag, bestreicht sie noch mit etwas geschmolzener Butter (oder einfach ein Stück kalte Butter auf eine Gabel spießen und damit über das Gebäck streichen). Unbedingt dick mit Puderzucker bestäuben und am besten noch leicht warm genießen.

### Tipp

Traditionell werden Ensaimadas pur oder gefüllt mit Kürbiskonfitüre (cabell d'àngel) gebacken. Ich habe sie auch schon mit selbst gemachter Mango- oder Aprikosenkonfitüre gefüllt und fand beide Varianten klasse. Dazu, nach dem Aufstreichen des Fetts, einfach noch einen dünnen Streifen Konfitüre über die gesamte Länge des ausgezogenen Teiges verteilen, dann regulär aufrollen und formen.

# Milchteebrötchen mit Rosinen

### Zutaten für 9 Stück

**Teig**

1½ TL Schwarztee (oder 2 Teebeutel)

ca. 225 ml Vollmilch

75 g Rosinen

ca. 200 ml kochendes Wasser

optional: abgeriebene Schale von 1 Bio-Orange

12 g frische Hefe

300 g Weizenmehl Type 550

30 g Demerarazucker

½ TL feines Meersalz (3 g)

30 g kalte Butter

**Guss**

1 Ei

2 EL Vollmilch

**außerdem**

ca. 125 ml kochendes Wasser zum Schwaden

Aktiv: 35–45 Min.

Start-to-finish: ca. 3 Std.

Backen: 15–18 Min.

Haltbarkeit: 2–3 Tage

*Butterweich, zum Knautschen, ein Traum! Und in ihrem zweiten Leben perfekt für einen Bread Pudding mit dicker Vanillesauce …*

### Zubereitung

**1.** Den Tee in einen Filterbeutel füllen. Die Milch aufkochen, Tee damit übergießen und 5 Minuten in der Milch ziehen lassen. Den Teefilter behutsam ausdrücken und 200 ml dieser Teemilch zum schnelleren Abkühlen in die Rührschüssel der Küchenmaschine geben. Die Rosinen in einer Schüssel mit kochendem Wasser übergießen und 10 Minuten einweichen lassen. Die Bio-Orange heiß abwaschen, trocken reiben und etwa die Hälfte der Schale fein abreiben.

**2.** Nach 10 Minuten ist die Teemilch so weit abgekühlt, dass die Hefe hinzugefügt werden kann. Zusammen mit Mehl, Zucker, Salz und Orangenschale auf niedriger Stufe 3 bis 4 Minuten verkneten, dann die Butter in kalten Würfeln dazugeben und alles weitere 4 bis 5 Minuten zu einem glatten Teig kneten, der sich gerade von der Schüssel löst.

**3.** Inzwischen die Rosinen in ein Sieb geben, gut ausdrücken und auf Küchenpapier verteilen, vollständig trocken tupfen. Zum Teig geben und kurz unterkneten – ich mache das oft von Hand, weil sich die Rosinen durch klassisches Falten besser im Teig verteilen lassen. Zu einer Teigkugel formen und mit Frischhaltefolie abgedeckt in etwa 1 Stunde knapp verdoppeln lassen.

**4.** Ein Backblech mit Backpapier auslegen. Die Luft aus dem Teig drücken, ihn auf einer leicht bemehlten Arbeitsfläche zu einem Quadrat drücken und mit einer Teigkarte in 9 gleich große Quadrate (etwa à 70 g) teilen. Jedes zu einer straffen Kugel formen, mit dem Schluss nach unten rund schleifen (S. 14) und mit Abstand zueinander auf das Blech setzen. Die Gusszutaten glatt rühren, die Brötchen damit einpinseln und mindestens 1 Stunde an einem geschützen, warmen Ort deutlich aufgehen lassen.

**5.** Den Ofen rechtzeitig auf 220 °C vorheizen, eine ofenfeste Schale auf dem Boden miterhitzen und etwa 125 ml Wasser zum Kochen bringen. Die Brötchen ein weiteres Mal mit dem Guss einpinseln, in den Ofen schieben (Mitte) und das kochende Wasser zum Schwaden (S. 15) in die Dampfschale gießen. Vorsicht vor Spritzern und Dampf! Die Ofentür sofort schließen und die Temperatur auf 180 °C reduzieren. Nach 10 Minuten die Dampfschale entfernen und den Dampf etwa 5 Sekunden bei geöffneter Ofentür abziehen lassen. In weiteren 5 bis 8 Minuten goldbraun backen (Kerntemperatur 90 bis 92 °C), aus dem Ofen nehmen und auf einem Rost abkühlen lassen.

# Scones – die Luxusvariante

*Meinem bewährten Scones-Rezept war ich eine halbe Ewigkeit treu, bis mich vor ein paar Jahren die Begeisterung für laminierte Teige gepackt hat. Was würde dagegen sprechen, den butterlastigen Scones-Teig ähnlich wi einen Blitzblätterteig zu bearbeiten? Tatsächlich nichts, solange man sich nicht von der zu Beginn sehr bröselig-klebrigen Masse abschrecken lässt. Das Ergebnis hat eine wunderbar fluffige, blättrige Krume und schmeckt pur, mit Butter oder Clotted Cream und Marmelade.*

# Scones

## Zutaten für 6 Stück

### Teig

250 g Weizenmehl Type 405

40 g weißer Zucker

1½ TL Backpulver

½ TL feines Meersalz (3 g)

90 g sehr kalte Butter

100 ml kalte Milch

60–75 g kalte Sahne (oder mehr Milch)

50 g getrocknete Sultaninen oder Cranberrys

### Guss

1 Ei

2 EL Milch

### außerdem

optional: 1 TL brauner Zucker

Mehl zum Bearbeiten

Aktiv: 20–30 Min.

Start-to-finish: ca. 45 Min.

Backen: 15–20 Min.

Haltbarkeit: am besten frisch

### Zubereitung

**1.** Alle trockenen Teigzutaten in einer Schüssel gut vermengen. Scones lassen sich sowohl komplett von Hand als auch im Blitzhacker zubereiten. Die kalte Butter in etwa 2 cm große Würfel schneiden und entweder mit den Fingern grob in die Mehlmischung reiben oder beides im Blitzhacker mit der Pulse-Funktion (zwei- bis dreimal) zerkleinern. Es sollen weiterhin größere Butterstückchen (> 1 cm) sichtbar sein – diese sorgen später für die lockere Krume.

**2.** Milch und Sahne dazugeben. Entweder von Hand zügig mit einem Löffel unterrühren oder ebenfalls im Blitzhacker einarbeiten. Zuletzt die Sultaninen hinzufügen und mit wenigen Handgriffen zügig unterkneten (der Teig ist noch sehr klebrig und nicht homogen). Auf eine bemehlte Arbeitsfläche leeren und mit den Händen und einer Teigkarte zu einem Rechteck drücken. Mit Mehl bestäuben und etwa fingerdick rechteckig ausrollen bzw. zurechtdrücken (kurze Seite zu sich), wobei die genauen Maße nicht entscheidend sind.

**3.** Das obere Drittel wie einen Briefbogen nach unten falten, das untere Drittel deckungsgleich darüber – das ist eine einfache Tour (wie bei der Blätterteigherstellung), die hilft, die verbliebenen Butterstücke hauchdünn zu schichten. Den Teig nun um 90 °C drehen (wieder kurze Seite zu sich) und noch mindestens zweimal wiederholen, also insgesamt drei Touren falten. Wann immer es zu sehr klebt, mit wenig Mehl bestäuben oder den Teig mithilfe der Teigkarte von der Arbeitsfläche lösen.

**4.** Ein Backblech mit Backpapier auslegen und den Ofen auf 200 °C vorheizen. Den Teig nun zu einem Rechteck von etwa 18 × 12 cm ausrollen und mit der Teigkarte in 3 gleich große Rechtecke teilen (je sauberer die Schnitte, desto schöner gehen sie auf), dann jedes Rechteck noch mal diagonal teilen.

**5.** Die Scones mit etwas Abstand zueinander auf das Backblech setzen, die Gusszutaten verrühren und nur die Oberseite der Scones damit einpinseln. Für eine Zuckerkruste bestreut man sie noch mit ein wenig braunem Zucker. In der Ofenmitte in 15 bis 20 Minuten goldbraun backen (Kerntemperatur 90 bis 92 °C), dabei das Blech zur Halbzeit einmal drehen. Herausnehmen und noch warm genießen!

### Tipp

Für mein reguläres Scones-Rezept (ohne Lamination) einfach im 2. Schritt nach dem Leeren der Teigbrösel auf die Arbeitsfläche, den Teig kurz durchkneten und 3 cm dick rund ausrollen. Wahlweise runde Scones (6 cm) ausstechen oder die Teigplatte in 6 Tortenstücke teilen und backen wie oben.

# Malzkaffee-Babka

*Wie bereits der Shakshuka hat Yotam Ottolenghi auch der traditionell jüdischen Babka zu neuer Popularität verholfen. Dabei handelt es sich um ein kunstvoll geschlungenes, flaumiges Hefegebäck, das meist in einer Kastenform gebacken wird und mit unterschiedlichen Füllungen verfeinert werden kann. Unwiderstehlich mit Schokoladencreme und malzigem Kaffeearoma!*

## Zutaten für 1 Laib

### Teig

50 ml Wasser

1 EL Malzkaffeepulver (z. B. Caro)

50 ml kalte Milch

275 g Weizenmehl Type 405

10 g frische Hefe

2 EL heller Muscovadozucker

1 EL weißer Zucker

¼ TL Kardamom

¼ TL feines Meersalz (1,5 g)

1 Ei (M)

50 g kalte Butter

### Füllung

100 g Sahne

2 TL Malzkaffeepulver

1 TL schwach entölter Kakao

2 EL brauner Zucker

1 EL weißer Zucker

¼ TL feines Meersalz (1,5 g)

75 g dunkle Schokolade (65–70 % Kakaoanteil)

50 g Butter

### Sirupguss

3 EL Zucker

2 EL Wasser

### außerdem

Öl/Butter für die Form

Aktiv: ca. 1 Std.

Start-to-finish: ca. 12 Std.

Backen: 35–45 Min.

Haltbarkeit: 2–3 Tage

## Zubereitung

**1.** Für den Teig das Wasser aufkochen, mit dem Malzkaffee verrühren, 10 Minuten abkühlen lassen und mit der Milch aufgießen. Mit den anderen Teigzutaten außer der Butter in der Küchenmaschine vermengen, auf höherer Stufe 5 Minuten kneten. Die Butter in kleinen Stücken hinzufügen, weitere 5 Minuten kneten. Ziel ist ein elastischer, glänzender Teig, der sich noch klebrig anfühlt. Einen Behälter mit Deckel (mindestens doppeltes Teigvolumen) leicht mit Öl ausreiben, den Teig darin zugedeckt mindestens 8 Stunden oder über Nacht im Kühlschrank reifen lassen (er lässt sich gekühlt wunderbar ausrollen).

**2.** Für die Füllung alle Zutaten außer Schokolade und Butter in einem kleinen Topf erhitzen und kurz aufkochen lassen, dann vom Herd nehmen. Die Schokolade hacken und zusammen mit der Butter dazugeben, kurz schmelzen lassen, dann glatt rühren. Mindestens 30 Minuten kalt stellen. Inzwischen eine Kastenform (etwa 25 cm lang) mit Butter einpinseln und einen breiten Streifen Backpapier quer hineinlegen – so lässt sich die fragile Babka nach dem Backen leicht herausheben.

**3.** Den Teig auf einer bemehlten Arbeitsfläche rechteckig ausrollen (etwa 30 × 40 cm), die Schokoladencreme gleichmäßig bis 3 cm an die Ränder aufstreichen, von der langen Seite her nicht zu fest aufrollen (ich zwicke sowohl die Teignaht als auch die Enden fest zusammen, damit keine Schokolade herausquillt).

**4.** Der Clou fürs weitere Vorgehen: Die Teigrolle 30 bis 40 Minuten ins Gefrierfach stellen. So lässt sie sich besser der Länge nach auseinanderschneiden. Die Schnittflächen nach oben drehen und beide Hälften wie eine Kordel umeinander schlingen, während die Schnittflächen nach oben zeigen. Die Enden ein wenig nach unten einschlagen und die Babka in die vorbereitete Form setzen. Mit Frischhaltefolie abgedeckt in 1 bis 2 Stunden mindestens um die Hälfte aufgehen lassen.

**5.** Den Ofen auf 200 °C vorheizen. Die Babka in den Ofen schieben (2. Schiene von unten), die Temperatur auf 180 °C reduzieren. In 35 bis 45 Minuten fertig backen (Kerntemperatur mindestens 93 °C) – wird sie zu dunkel, mit Backpapier abdecken. Inzwischen die Sirupzutaten aufkochen und die heiße Babka großzügig damit einpinseln. Abkühlen lassen, dann mithilfe des Backpapiers aus der Form heben.

LBS
GENERAL
IN U. S.

# **SÜSS:** Kuchenklassiker

*Egal, ob Sie Anhänger der englischen Teestunde sind oder die Kaffee-und-Kuchen-Tradition pflegen, mit diesen beliebten Klassikern ist Ihr Backrepertoire gut aufgestellt: Barney, ein Nuss-Schoko-Kuchen mit Geschichte, ein bunter Streuselquarkkuchen mit Früchten nach Wunsch, französische Lieblinge wie eine üppige Zitronentarte, eine hauchdünne Früchtetarte mit selbst gemachtem Blitzblätterteig und – auf den Kopf gestellt – als Tarte Tatin, ein Apfelkuchen mit minimalem Aufwand und maximalem Früchteanteil, ein getränkter mexikanischer Tres-Leches-Kuchen mit Zimtsahnehaube, ein maximal cremiger baskischer Käsekuchen, der ganz ohne Boden auskommt, ein amerikanischer Carrot Cake mit Frischkäsefrosting sowie Pekannüssen und die ewige Nummer eins – der Erdbeerkuchen mit feinem Biskuit.*

# Tres-Leches-Kuchen

*Auch wenn er recht unspektakulär daherkommt, so überzeugt dieser Kuchen schon mit dem ersten Bissen ... einen saftigeren in Biskuitform wird man kaum finden. Vielleicht ist seine Herkunft auch deshalb umstritten – sowohl Mexiko als auch einige südamerikanische Länder schreiben sich seine Erfindung auf die Fahne. Und seine Fangemeinde wächst stetig: Ich hatte schon beinahe vergessen, dass ich dieses Rezept zum Testen an eine Freundin geschickt hatte, als sie mir erzählte, dass ihre Töchter ihn zu ihrem Geburtstagskuchen auserkoren hätten – so beliebt ist er inzwischen in ihrer Familie.*

# Tres-Leches-Kuchen

**Zutaten für ½ Backblech, ca. 16–20 Stücke**

**Teig**

5 Eier (L)

150 g weißer Zucker

1 Prise feines Meersalz

125 g weiche Butter

optional: ½ TL Vanillepaste

200 g Weizenmehl Type 405

½ TL Backpulver

**Guss**

150 ml Kondensmilch

150 ml gezuckerte Kondensmilch

150 ml Vollmilch

optional: 1–2 EL Rum

**Finish**

400–500 g Sahne

1–2 EL weißer Zucker

optional: 1 TL (Ceylon-)Zimtpulver

Aktiv: 20–30 Min.

Start-to-finish: ca. 3 ½ Std.

Backen: 20–25 Min.

Haltbarkeit: 2–3 Tage

**Zubereitung**

**1.** Eine rechteckige Backform (ca. 32 × 22 cm, das entspricht einem halben Blech) mit Backpapier auslegen und den Ofen auf 180 °C vorheizen. Die Eier aufschlagen und trennen, den Zucker in zwei Portionen à 75 g aufteilen. Mit den Quirlen des Handrührgeräts oder dem Schneebesen der Küchenmaschine das Eiweiß mit Salz halbsteif schlagen, dann eine Hälfte des Zuckers einrieseln lassen und weiterschlagen, bis die Masse weiche Spitzen bildet.

**2.** In einer zweiten Schüssel – oder den Eischnee umfüllen und die ursprünglich benutzte Schüssel weiterverwenden – Butter und Zucker mit den Quirlen oder dem Schneebesen 2 bis 3 Minuten cremig aufschlagen, dann Vanillepaste (optional) und Eidotter unterrühren, bis die Masse luftig und hell wird. Nun Mehl und Backpulver darübersieben und kurz unterrühren.

**3.** Da die Masse noch sehr dick und zäh ist, etwa ein Drittel des Eischnees zum Auflockern langsam maschinell untermengen. Den Rest in mehreren Schritten von Hand mit einem Spatel oder Schneebesen unterheben, bis keine Eischneenester mehr zu sehen sind – die Teigmasse soll dabei so luftig wie möglich bleiben.

**4.** Den Teig in die Form gießen und glatt streichen, dann in der Ofenmitte in 20 bis 25 Minuten goldbraun backen (Stäbchenprobe oder Kerntemperatur 92 °C).

**5.** Während der Kuchen bäckt, den Guss zubereiten: Dazu alle Zutaten am besten in einem Messbecher mit Ausgießer gut verrühren.

**6.** Den fertig gebackenen Kuchen aus dem Ofen holen, 5 Minuten in der Form stehen lassen, dann auf ein sauberes Geschirrtuch stürzen, das Backpapier behutsam abziehen und den Kuchen wieder so in die Form setzen, wie er gebacken wurde. Mit einer Gabel gleichmäßig Löcher hineinstechen und den vorbereiteten Guss – mit mehreren Pausen – darübergießen. Keine Sorge, wenn der Guss zum Schluss an den Rändern steht, auch das wird der Kuchen noch aufsaugen.

**7.** Den Kuchen abgedeckt mindestens 3 Stunden im Kühlschrank durchziehen lassen. Vor dem Servieren die Schlagsahne steif schlagen, nach Geschmack süßen und auf den Kuchen streichen. Wer mag, bestäubt ihn noch mit etwas Zimt.

**Tipp**

Die Gussmenge (im Rezept 450 g) kann man tatsächlich noch bis auf maximal 600 g erhöhen, dann wird die Konsistenz des Kuchens schon sehr weich – wie so oft: Geschmackssache!

# Nuss-Schoko-Kuchen Barney

**Zutaten für Gugelhupfform 20 cm Durchmesser (oder Kastenform ca. 25 x 10 cm), 12 - 14 Stück**

### Teig

50 g ganze Haselnüsse

50 g dunkle Schokolade (min. 65 % Kakaoanteil)

200 g weiche Butter

175 g weißer Zucker

4 Eier (L)

1 EL Rum (oder Cognac)

optional: ¼ TL Zimtpulver

½ TL feines Meersalz (3 g)

125 g gemahlene Haselnüsse

150 g Weizenmehl Type 405

2 TL Backpulver

1 EL schwach entölter Kakao

75 g Schmand

### Guss

125 - 150 g dunkle Kuvertüre

75 g gehackte Haselnüsse (alternativ Mandeln oder eine Mischung von beiden)

### außerdem

Butter und Mehl für die Form

Aktiv: 20 - 30 Min.

Start-to-finish: 3 - 4 Std.

Backen: 55 - 65 Min.

Haltbarkeit: 3 - 4 Tage

*Es war einmal ... ein sehr, sehr guter Nusskuchen in einem recht hippen Café. Große Begeisterung unsererseits über seine Konsistenz und die großen Nuss- und Schokostückchen. Wieder zu Hause, ließen mich die Erinnerungen nicht los, und ich beschloss, mehr über das Original herauszufinden. Aber alle meine Überredungskünste wurden abgeschmettert, selbst das Versprechen, dass ich Betreiber und Café selbstverständlich als Quelle benennen würde - sollte ich das Rezept je veröffentlichen -, half nicht. Im Gegenteil, ich erfuhr sogar, dass wegen genau dieses Rezeptes schon einmal einem Mitarbeiter gekündigt wurde. Also blieb mir nur: ausprobieren, ausprobieren, ausprobieren! Und da meine Erinnerungen über die Jahre ebenfalls verblasst sind, kann ich nicht sagen, wie nahe ich dem Original tatsächlich gekommen bin. Aber nach wirklich unzähligen Versuchen habe ich zumindest einen neuen Lieblingskuchen gefunden!*

### Zubereitung

**1.** Butter und Eier etwa 1 Stunde vor Backbeginn aus dem Kühlschrank nehmen. Eine Gugelhupf- oder Kastenform (mindestens 1½ l Volumen) sorgfältig mit Butter einpinseln und bemehlen. Ganze Haselnüsse mindestens halbieren, Schokolade grob hacken (1 cm) und zur Seite stellen.

**2.** Den Backofen auf 180 °C vorheizen. Die weiche Butter und den Zucker mit dem Flachrührer in der Knetschüssel der Küchenmaschine (alternativ mit den Quirlen des Handrührgeräts) 3 bis 4 Minuten hell und cremig rühren, dann die Eier nacheinander unterrühren und nach jeder Zugabe mindestens 30 Sekunden rühren. Rum, Zimt und Salz hinzufügen.

**3.** Die gemahlenen Haselnüsse, Mehl, Backpulver und Kakao hinzufügen und zusammen mit dem Schmand nur so lange verrühren, bis der Teig homogen und dick-cremig ist. Zuletzt noch die groben Nüsse und die Schokoladenstückchen kurz untermengen.

**4.** Den Teig in die vorbereitete Form geben und auf der 2. Schiene von unten in 55 bis 65 Minuten fertig backen (Stäbchenprobe oder 93 bis 95 °C Kerntemperatur). Aus dem Ofen nehmen, 10 Minuten stehen lassen, dann auf einen Kuchenteller stürzen und vollständig abkühlen lassen.

**5.** Die Kuvertüre wenn nötig fein hacken und über einem heißen Wasserbad schmelzen. Den Kuchen damit einpinseln und mit gehackten Haselnüssen bestreuen. Vor dem Anschneiden den Guss vollständig fest werden lassen.

# Hauchdünne Pflaumentarte

*Diese hauchdünnen Früchtetartes, die so verführerisch glänzen? Mit blättrigem Boden und immer ausgesprochen akkurat belegt? Sie sind DIE perfekte Nachspeise für Back-Streber, also solche, die alles am liebsten ganz genau machen. Gerne mit Lineal ausgerüstet nachmessen etwa, oder schon beim Einkaufen die Früchte nach gleicher Größe auswählen ... Hier dürfen sie ihrem Naturell frönen und werden danach mit einer Tarte belohnt, die auch einer französischen Patisserie entsprungen sein könnte.*

*Das glänzende Finish heißt in der Fachsprache übrigens Aprikotieren, weil die gebackene, noch heiße Tarte mit Aprikosenkonfitüre überzogen wird. Allerdings können Sie auch jede andere – geschmacklich harmonierende – Konfitüre (oder ein Gelee) ohne Fruchtstücke nehmen.*

# Pflaumen-tarte

**Zutaten für 1 Tarte ca. 26 cm Durchmesser, 8–10 Stücke**

**Teig**

125 g Weizenmehl Type 405

1 TL weißer Zucker

¼ TL feines Meersalz (1,5 g)

125 g sehr kalte Butter

50–60 ml Wasser (<10 °C)

½ TL heller Essig

**Früchte-Topping**

500–600 g Pflaumen (oder Äpfel, Birnen, Aprikosen)

eventuell Saft einer halben Zitrone

**Finish**

2–3 TL Aprikosenkonfitüre (ohne Stücke)

2–3 TL Wasser

optional: 1–2 EL gehackte Pistazien

Aktiv: 45–60 Min.

Start-to-finish: ca. 2 ½ Std.

Backen: 30–40 Min.

Haltbarkeit: 2 Tage

**Zubereitung**

**1.** Für den Teig Mehl, Zucker und Meersalz im Blitzhacker vermischen (oder alternativ von Hand zubereiten, S. 90). Die sehr kalte Butter in 1,5 cm großen Würfeln im Blitzhacker nur kurz einarbeiten – zweimal 3 Sekunden können bereits genügen, größere Butterstückchen sind erwünscht! Eiskaltes Wasser genau abmessen, Essig dazugeben und erst mal 50 ml kurz unter den Teig mixen. Nur wenn die Teigmasse noch sehr trocken wirkt, das restliche Wasser ebenfalls einarbeiten.

**2.** Die krümelig-klebrige Teigmasse auf einer bemehlten Arbeitsfläche mit wenigen Handgriffen und mithilfe einer Teigkarte zu einem dicken Rechteck drücken, das kaum zusammenhalten will, bemehlen, mehr oder weniger rechteckig ausrollen (15 × 22 cm reichen) und wie einen Briefbogen falten (1. Tour). Kurze Seite zu sich drehen und zu einem größeren Rechteck ausrollen, dann die 2. Tour falten. Wieder kurze Seite zu sich drehen, diesmal auf etwa 20 × 30 cm ausrollen und die letzte Tour falten und andrücken. In Frischhaltefolie gewickelt mindestens 1 Stunde kühlen.

**3.** Die Pflaumen halbieren, vierteln und möglichst einheitlich in maximal 1 cm dicke Spalten schneiden. Werden die Früchte nicht zügig verarbeitet, mit etwas Zitronensaft beträufeln, damit sie nicht oxidieren. Den Ofen auf 200 °C vorgeheizen und ein Backbleck mit Backpapier belegen.

**4.** Den Teig mit möglichst wenig Mehl gleichmäßig 3 bis 4 mm dünn ausrollen und mit einem Messer oder Pizzacutter kreisrund (26 cm) ausschneiden, ein aufgelegter Teller erleichtert das. Aber auch längliche Formen, kleine individuelle Tartlettes oder eine große quadratische Tarte sind ansprechende Optionen. Mit einer Gabel mehrfach einstechen, damit sich der Teig beim Backen nicht unkontrolliert aufbläht, dabei aber 2 cm Rand aussparen. Mit den vorbereiteten Früchten belegen, je gleichmäßiger man das macht, umso eleganter sieht die fertige Tarte aus.

**5.** Im Ofen auf der zweiten Schiene von unten 30 bis 40 Minuten goldbraun backen. Die Früchte dürfen auch ein paar dunklere Spitzen bekommen, ganz so, als kämen sie aus einer französischen Patisserie.

**6.** Zum Ende der Backzeit hin die Aprikosenkonfitüre mit 2 bis 3 TL Wasser in einem kleinen Pfännchen erhitzen und glatt rühren. Kommt die Tarte dann aus dem Ofen, diese direkt damit einpinseln – Früchte und Rand. Optional noch mit gehackten Pistazien bestreuen und pur oder mit Sahne servieren.

# Apfel-kuchen

**Zutaten für Springform 24 - 25 cm Durchmesser, 10 - 12 Stücke**

125 g Butter
1,3 - 1,4 kg Äpfel
Saft einer halben Zitrone
150 g weißer Zucker
3 Eier (L)
¼ TL feines Meersalz (1,5 g)
225 g Weizenmehl Type 405
1½ TL Backpulver

**außerdem**
Butter für die Form

**dazu**
Puderzucker und geschlagene Sahne

Aktiv: 25 - 30 Min.
Start-to-finish: ca. 1½ Std.
Backen: 45 - 60 Min.
Haltbarkeit: 3 - 4 Tage

*Auch wenn ich Apfelkuchen in jeder nur erdenklichen Version gebacken habe, dies ist das Rezept, zu dem ich immer wieder zurückkomme, weil es ohne Schnickschnack einen perfekten Kuchen liefert, den man sogar mal aus der Hand essen kann. Einziger wirklicher Aufwand: viele Äpfel schälen. Bei meiner Oma kamen früher nur Gravensteiner oder Kornäpfel aus dem eigenen Garten infrage - alte Sorten, die leider selten geworden sind. Aber auch Boskop und Elstar machen beim Backen eine gute Figur. Und wenn der Kuchen dann in seiner ganzen Pracht auf dem Tisch steht, halten Sie es mit Udo Jürgens: Aber bitte mit Sahne!*

**Zubereitung**

**1.** Butter in einem Pfännchen schmelzen und zum Abkühlen zur Seite stellen. Eine Springform mit Backpapier auslegen und den Rand mit Butter einpinseln.

**2.** Die Äpfel vierteln, entkernen und schälen, dann in fingerdicke Spalten schneiden - es sollten 750 bis 800 g sein. Zitronensaft darüberträufeln und die Äpfel behutsam durchschwenken, damit sie sich nicht bräunlich verfärben.

**3.** Den Ofen auf 180 °C vorheizen. Zucker und Eier mit dem Flachrührer in der Rührschüssel der Küchenmaschine oder den Quirlen des Handrührgeräts 3 bis 4 Minuten lang hell und cremig aufschlagen. Salz und abgekühlte Butter unterrühren, dann Mehl und Backpulver darübersieben und ebenfalls unterrühren.

**4.** Nun die Apfelspalten mit einem Gummispatel unter den Teig mengen. Eine Hälfte davon in die Form geben, verteilen und glatt streichen, bevor man auch den Rest gleichmäßig in der Form verteilt.

**5.** Auf der zweiten Schiene von unten in 45 bis 60 Minuten goldbraun backen (Kerntemperatur 93 bis 95 °C). Falls der Kuchen am Schluss zu schnell dunkel wird, mit Backpapier abdecken. Herausnehmen und 10 Minuten auf einem Rost abkühlen lassen. Dann den Kuchen rundherum mit einem scharfen Messer von der Form trennen, sonst reißt er beim späteren Öffnen der Form. Noch leicht warm oder vollständig abgekühlt mit Puderzucker bestäubt genießen. Schlagsahne nicht vergessen!

**Tipp**
Eine Bienenstichkruste sorgt für das passende Upgrade: 75 g Butter, 110 g weißer Zucker, 2 bis 3 EL Milch, 110 g Mandelblättchen und 1 Prise Salz in einem kleinen Topf langsam aufkochen, den Kuchen nach 40 bis 45 Minuten aus dem Ofen nehmen, die Mandelmasse darauf verteilen und fertig backen.

# Zitronentarte

*Gefühlt 90 Prozent aller Zitronentarteböden sind für meinen Geschmack zu hell und nicht knusprig genug gebacken – geschmacklich eine vertane Chance! Über die letzten Jahre habe ich abgewandelte Pie-Böden versucht, unterschiedliche gemahlene Nüsse oder Haferflocken ebenso wie gemahlene Granola-Kekse. Erst ein – meines Wissens von Dorie Greenspan stammender – Trick brachte die Wende: Anstatt den Tarteboden mit Backpapier und Gewichten vorzubacken, bestreicht man die glänzende Seite eines Bogens Alufolie mit Butter und presst diese auf den ungebackenen Boden sowie über den gesamten Rand, bevor man ihn bäckt. Und es funktioniert – abgesehen von der ansprechenderen Farbe schmeckt man den Unterschied auch!*

*In jedem Fall empfehle ich, diese Tarte in Häppchen zuzubereiten: An einem Tag den Boden backfertig machen und im Gefrierfach parken, und am nächsten Tag stehen dann Lemon Curd und Backen auf dem Programm. Da sich mit Meringue verzierte Kuchen nicht aufbewahren lassen und auch nicht jeder Meringue mag, verziere ich die Tarte erst unmittelbar vor dem Servieren: Für 4 verzierte Stücke 2 Eiweiß, ¼ TL Backpulver und eine Prise feines Meersalz mit dem Handrührgerät aufschlagen. Sobald die Masse beginnt schaumig zu werden, 75 g Zucker einrieseln lassen und zu eher weichen Spitzen schlagen. Mit einem Spritzbeutel auf die Tarte spritzen und mit einem Bunsenbrenner leicht abflämmen.*

# Zitronen-tarte

**Zutaten für Tarteform 18–20 cm Durchmesser, 6–8 Stücke**

### Teig

1 Ei (M–L)

1 EL kalte Sahne

120 g Weizenmehl Type 405

30 g gemahlene, enthäutete Mandeln

35 g Puderzucker

¼ TL Zimtpulver

¼ TL feines Meersalz (1,5 g)

65 g kalte Butter

### Lemon Curd

3–4 Bio-Zitronen

restliches Ei vom Teig

3 Eier (M–L)

1 Eigelb (M–L)

150 g weißer Zucker

75–100 g Sahne

40 g kalte Butter

### außerdem

Butter für die Form etc.

Aktiv: ca. 1 Std.

Start-to-finish: min. 3½ Std.

Backen: insgesamt 35–45 Min.

Haltbarkeit: gekühlt 3–4 Tage

### Zubereitung

**1.** Den Tarteboden zubereiten: Das Ei glatt rühren und 25 g (etwa die Hälfte) für den Teig abmessen und mit der Sahne verrühren (restliches Ei für die Füllung im Kühlschrank aufbewahren). Mehl, Mandeln, Puderzucker, Zimt und Salz im Blitzhacker gründlich vermischen. Kalte Butter in Würfeln dazugeben und kurz untermixen, bis keine großen Butterstückchen mehr zu sehen sind. Ei-Sahne hinzufügen und nur so lang mixen, bis sich eine Teigkugel bildet.

**2.** Auf einer bemehlten Arbeitsfläche kurz durchkneten, zu einer Scheibe formen und in Frischhaltefolie gewickelt 1 Stunde kalt stellen. (Oder von Hand: Die trockenen Zutaten in einer Schüssel vermengen, die kalte Butter mit den Fingern hineinbröseln und zuletzt Ei und Sahne mit einer Gabel untermengen, dann zügig verkneten.)

**3.** Eine Tarteform mit heraushebbarem Boden einbuttern. Den gekühlten Teig auf einer bemehlten Arbeitsfläche 4 bis 5 mm dick ausrollen, über die Tarteform legen und diese mit den Fingern sorgfältig bis in die Ecken hinein auskleiden. Den Rand mit einem waagerecht geführten Messer abschneiden, den Boden gleichmäßig mit einer Gabel einstechen, in Frischhaltefolie wickeln und mindestens 1 Stunde ins Gefrierfach stellen – länger ist kein Problem.

**4.** Den Ofen auf 200 °C vorheizen. Einen Bogen Alufolie (glänzende Seite) mit Butter bestreichen, den Boden sorgfältig damit auskleiden und auf dem Rost auf der 2. Schiene von unten 20 bis 25 Minuten backen (Backpapier darunter verhindert, dass Butter auf den Ofenboden tropft und verbrennt). Herausnehmen, die Alufolie vorsichtig entfernen und weitere 10 Minuten bei 180 °C backen, bis der Boden anfängt zu bräunen, aber der Rand noch nicht zu dunkel wird. Herausnehmen und auf einem Backblech bereitstellen.

**5.** Den Lemon Curd vorbereiten: Zitronen heiß abwaschen, trocken reiben, von 2 Früchten die Schale fein abreiben und insgesamt 150 ml Saft auspressen. Zusammen mit den restlichen Zutaten außer der Butter in einem kleinen Topf langsam erhitzen. Die kalte Butter in Würfeln hinzufügen und unter Rühren mit einem Spatel weiter erhitzen und eindicken (nicht kochen) lassen – unbedingt dabeibleiben, sonst haben Sie schnell Rührei!

**6.** Curd durch eine feines Sieb direkt bis knapp unter den Rand auf den vorgebackenen Tarteboden gießen und samt Backblech in den Ofen schieben (Mitte) – so vermeidet man ein Kleckern mit der randvoll gefüllten Tarte. Weitere 10 bis 15 Minuten bei 180 °C backen, bis die Creme auf Anstupsen nur noch minimal wackelt. Herausnehmen und am besten über Nacht kalt stellen.

# Carrot Cake

*Meine erste Erinnerung an einen Karottenkuchen stammt noch von einem Kindergeburtstag aus den Achtzigern und wäre mein damaliges Fazit (Bäh! Gemüse! In einem Kuchen!) maßgeblich geblieben, so wäre mir glatt ein Lieblingskuchen entgangen. Denn mit der globalen Ausbreitung verschiedener Kaffeehausketten lernte ich auch diese uramerikanische Version mit Frischkäsefrosting und Pekannüssen kennen – und vor allem lieben!*

**Zutaten für Springform 18–20 cm Durchmesser**

**Teig**

2–3 Karotten

50 g Wal- oder Pekannüsse

2 Eier (L)

50 g weißer Zucker

50 g brauner Demerarazucker

125 g Sonnenblumenöl

¼ TL Vanillepaste

125 g Weizenmehl Type 405

1 TL Backpulver

½ TL Natron

¼ TL feines Meersalz (1,5 g)

½ TL Zimtpulver

¼ TL Kardamompulver

⅛ TL frisch geriebene Muskatnuss

**Frosting**

175 g Frischkäse

50 g weiche Butter

½ TL Vanillepaste

⅛ TL feines Meersalz (1 g)

75 g Puderzucker

**außerdem**

75 g Wal- oder Pekannüsse

Butter für die Form

Aktiv: ca. 30 Min.

Start-to-finish: 2–2½ Std.

Backen: 40–45 Min.

Haltbarkeit: gekühlt 3–4 Tage

## Zubereitung

**1.** Den Ofen auf 180 °C vorheizen und eine kleine Springform mit Backpapier auslegen und den Rand einfetten. Für den Teig die Karotten schälen und fein raspeln, es sollten 175 bis 200 g sein. Nüsse nicht zu fein hacken.

**2.** Die Eier, beide Zuckersorten, das Sonnenblumenöl und die Vanillepaste mit dem Flachrührer in der Knetschüssel der Küchenmaschine (alternativ mit den Quirlen des Handrührgeräts) 4 bis 5 Minuten hell und cremig rühren.

**3.** In der Zwischenzeit Mehl, Backpulver, Natron und alle Gewürze in einer Schüssel verrühren, danach in mehreren Schritten zugeben und unterrühren. Zuletzt die geraspelten Karotten und die gehackten Nüsse kurz untermengen, bis ein homogener Teig entstanden ist.

**4.** In die vorbereitete Form gießen, glatt streichen und auf der zweiten Schiene von unten in 40 bis 45 Minuten backen (Stäbchenprobe oder Kerntemperatur 93 bis 95 °C). Aus dem Ofen nehmen, 10 Minuten abkühlen lassen. Dann mit einem Messer zwischen Rand und Kuchen entlangfahren, bevor man den Kuchen aus der Form löst und umgedreht vollständig abkühlen lässt (begradigt die kuppelförmige Oberseite).

**5.** Für das Frosting sollten Frischkäse und Butter Zimmertemperatur haben. Zusammen mit Vanillepaste cremig aufschlagen, dann Salz und Puderzucker zufügen und weiterrühren, bis die Konsistenz ganz glatt ist. Mit einer Palette auf den abgekühlten Kuchen streichen. Zuletzt die Nüsse grob hacken und den Kuchen damit bestreuen. Am besten schmeckt der Kuchen übrigens, wenn er mindestens einen Tag zum Durchziehen hatte!

## Tipp

Viele US-amerikanische Backrezepte haben eines gemeinsam: sehr viel Zucker. Nun bin ich wahrlich kein Zuckerverächter, aber wenn außer pappsüß nix hängen bleibt in der Erinnerung, dann war's wohl einfach zu viel Zucker! Frischkäsefrosting ist so eine Sache, da gibt es durchaus Rezepte, die mehr als ein halbes Kilo Puderzucker für einen Kuchen veranschlagen.

# Tarte Tatin

*Natürlich lässt sich eine Tarte Tatin auch mit gekauftem Blätterteig zubereiten, aber wenn man die Zubereitung eines selbst gemachten Blitzblätterteigs einmal verinnerlicht hat, ist er – ohne Übertreibung! – in weniger als 20 Minuten fertig. Er lässt sich in Frischhaltefolie gewickelt gut zwei Tage im Kühlschrank aufbewahren, im Tiefkühlfach sogar ein paar Wochen.*

*Wie auch beim Apfelkuchen spielt der Apfel die Hauptrolle und man sollte als Gegengewicht zum Karamell eine säuerliche, feste Sorte wählen. Sowohl Pink Lady als auch Fuji und Granny Smith sind eine sichere Wahl (die oft empfohlenen Golden Delicious finde ich eher fad), auch eine Mischung ist immer eine gute Option. Andere Früchte eignen sich leider nur bedingt, da sie beim Backen zu viel Flüssigkeit abgeben, was beim Stürzen der gebackenen Tarte schnell eine suppige Angelegenheit werden kann. (In so einem Fall hilft nur noch Improvisieren: Den größten Teil des flüssig gewordenen Sirups direkt abgießen, sonst weicht der knusprige Boden schnell durch.)*

*Und ein letzter Rat: Während ich bei vielen Gebäckarten mit Argusaugen darüber wache, dass sie nicht zu lange und damit zu trocken gebacken werden, ist es bei der Tarte Tatin genau umgekehrt. Nichts ist schlimmer als ein labbriger, zu hell gebackener Teigdeckel (= späterer Tarteboden)!*

# Tarte Tatin

**Zutaten für Tarteform/Pfanne 20 – 22 cm Durchmesser, 4 – 6 Portionen**

**Teig**

150 g Weizenmehl Type 405

1½ TL weißer Zucker

½ TL feines Meersalz (3 g)

125 g sehr kalte Butter

60 – 70 ml Wasser (<10 °C)

½ TL heller Essig

**Karamell**

35 g kalte Butter

75 g weißer Zucker

1 Prise feines Meersalz

**Früchte**

0,8 – 1 kg Äpfel

2 EL Butter

optional: ¼ TL (Ceylon-)Zimtpulver

**dazu**

Crème fraîche, Sahne oder Vanilleeis

Aktiv: 45 – 60 Min.

Start-to-finish: ca. 2½ Std.

Backen: 35 – 45 Min.

Haltbarkeit: am besten frisch

**Zubereitung**

**1.** Zuerst den Teig zubereiten: Mehl, Zucker und Meersalz im Blitzhacker, alternativ von Hand, vermischen (S. 90). Die kalte Butter in 1,5 cm großen Würfeln sehr kurz im Blitzhacker einarbeiten – größere Butterstückchen sind erwünscht! Eiskaltes Wasser genau abmessen, Essig dazugeben und erst mal nur 60 ml kurz unter den Teig mixen. Der Teig sollte krümelig, aber nicht zu trocken sein, sonst das restliche Wasser einarbeiten.

**2.** Die Teigkrümel auf einer bemehlten Arbeitsfläche mit wenigen Handgriffen und einer Teigkarte zu einem dicken Rechteck drücken, das kaum zusammenhalten will, bemehlen, mehr oder weniger rechteckig ausrollen (15 × 22 cm reichen) und wie einen Briefbogen falten (1. Tour). Kurze Seite zu sich drehen und zu einem größeren Rechteck ausrollen, dann die 2. Tour falten. Wieder kurze Seite zu sich drehen, diesmal auf 20 × 30 cm ausrollen und die letzte Tour falten. Andrücken und in Frischhaltefolie gewickelt 1 bis 2 Stunden kühlen.

**3.** Für das Karamell die kalte Butter in Würfel schneiden. Zucker gleichmäßig in eine Tarte-Tatin-Form oder gusseiserne Pfanne mit höherem Rand streuen und bei höherer Temperatur karamellisieren lassen. Ist der Zucker vollständig geschmolzen und bernsteinfarben (1) – zu dunkel wird er bitter! –, Temperatur reduzieren, die Butter stückchenweise mit einem Gummispatel einrühren und das Salz zugeben. Vom Herd nehmen und abkühlen lassen, der Karamellboden lässt sich dann ganz ohne Verbrennungsgefahr belegen.

**4.** Die Äpfel schälen, vierteln und entkernen. Butter mit Zimt in einem Topf schmelzen, dann die Apfelviertel darin bei milder Hitze 10 Minuten zugedeckt dünsten, dabei ab und zu umrühren, damit nichts ansetzt. Offen abkühlen lassen, bis man sie gut anfassen kann, dann mit der abgerundeten Apfelseite nach unten überlappend und möglichst dicht in der Form verteilen (2). Den Ofen auf 220 °C vorheizen.

**5.** Den abgekühlten Teig auf einer bemehlten Arbeitsfläche möglichst rund ausrollen (3 bis 4 cm größer als die Form und 4 mm dick), kreisrund ausschneiden und die Äpfel damit bedecken (3). Den Teigrand mit einem Löffel seitlich in die Form schieben. Er karamellisiert beim Backen – meiner Meinung nach das Beste an der Tarte! Den Teig noch ein paarmal anstechen, damit er sich beim Backen nicht aufbläht.

**6.** Ofentemperatur auf 200 °C reduzieren und die Tarte in der Mitte 40 bis 50 Minuten goldbraun und knusprig backen. Herausnehmen, 3 bis 4 Minuten stehen lassen, die Form mit einem deutlich größeren Teller bedecken und beides zusammen beherzt umdrehen. Sollten sich Apfelstücke nicht gelöst haben, diese mit einem Löffel wieder an die richtige Stelle setzen (Vorsicht, heiß!) und noch warm servieren (4).

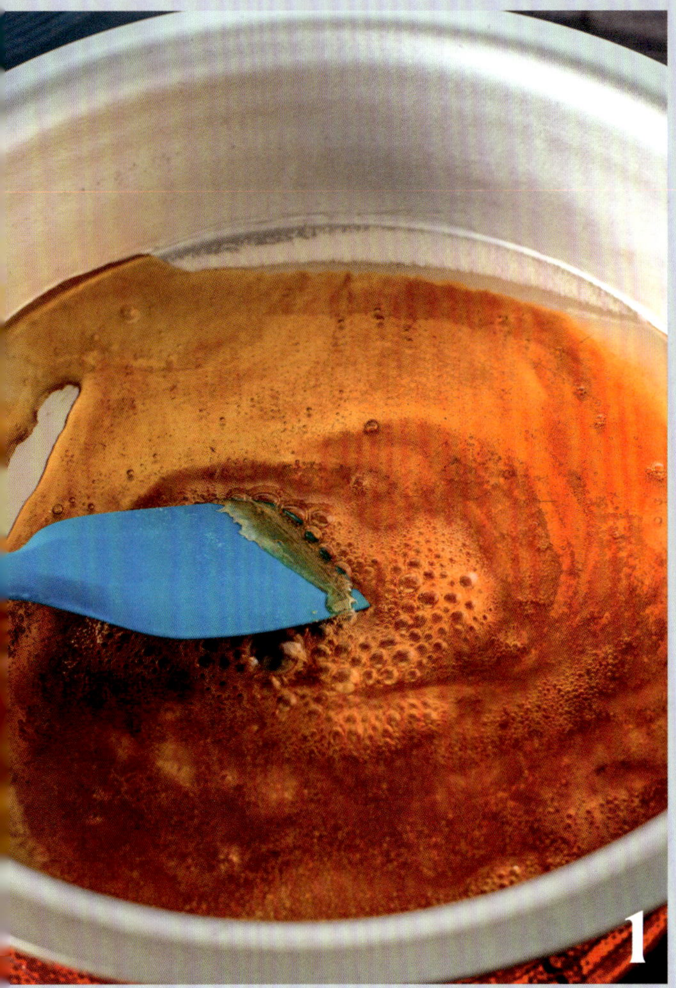
1

2

3

4

# Burnt Basque Cheesecake

**Zutaten für 1 Springform 18–20 cm Durchmesser, 8–10 Stücke**

### Teig

525 g Frischkäse (Doppelrahm)

150 g weißer Zucker

1 TL Vanillepaste (alternativ Mark von 1 Vanilleschote)

⅛ TL feines Meersalz (1 g)

3 Eier (L)

25 g Maisstärke

300 g Sahne

### dazu

säuerliches Kompott (z. B. aus Sauerkirschen, Beeren, Pflaumen oder Aprikosen)

Aktiv: 20–30 Min.

Start-to-finish: ca. 1 Std. plus Kühlzeit

Backen: 28–32 Min.

Haltbarkeit: 3–4 Tage im Kühlschrank

*Auch wenn es Käsekuchen ohne Boden schon länger gibt, so üben manche Namen einfach eine magische Anziehungskraft aus. Verführt vom Namen, aber verliebt in die inneren Werte, so lässt sich mein Verhältnis zu diesem Cheesecake wohl am treffendsten beschreiben. Diese baskische Version wird völlig unkompliziert zusammengerührt – kürzestmöglich gebacken ist dieser Cheesecake an Cremigkeit nicht zu überbieten!*

### Zubereitung

**1.** Damit der Cheesecake eine cremige Textur bekommt, ist es essenziell, dass alle Zutaten Zimmertemperatur haben, daher 1 bis 2 Stunden vor Backbeginn aus dem Kühlschrank nehmen. Eine Springform komplett mit Backpapier auskleiden.* Darauf achten, dass keine Löcher oder Risse entstehen, sonst läuft der flüssige Teig aus.

**2.** Den Ofen auf 220 °C Umluft (!) vorheizen. Frischkäse, Zucker, Vanille und Meersalz in der Schüssel der Küchenmaschine (Flachrührer) oder mit den Quirlen des Handrührers 2 bis 3 Minuten auf niedriger Stufe aufschlagen, dann die Eier einzeln unterrühren. Die Maisstärke darübersieben und glatt rühren, zuletzt Sahne unterrühren. (Damit der Kuchen perfekt samtig wird, kontrolliere ich mit einem Spatel, ob es keine versteckten Frischkäsereste am Boden oder Stärkeklümpchen gibt – sonst die Masse durch ein feines Sieb gießen.)

**3.** Frischkäsecreme in die ausgekleidete Form gießen und 2 Minuten stehen lassen, dann die Form ein paarmal auf die Arbeitsfläche klopfen, um versteckte Luftblasen zu lösen. Auf dem Rost (2. Schiene von unten) 28 bis 30 Minuten backen, nach 15 Minuten drehen, damit der Kuchen gleichmäßig bräunt. Wer ihn maximal cremig möchte, sollte ihn herausnehmen, wenn er beim Anstupsen in der Mitte noch wie Pudding wackelt. (Wer ein richtiges „burnt"-Aroma schätzt, der darf die letzten Minuten den Grill zuschalten, aber nur unter Beobachtung!)

**4.** Herausnehmen und auf einem Kuchengitter auskühlen lassen. Überhängendes Backpapier abschneiden und in Alufolie gewickelt am besten über Nacht im Kühlschrank durchziehen lassen bevor man ihn anschneidet. Die Geister scheiden sich daran, ob dieser Cheesecake gekühlt oder ungekühlt am besten schmeckt – probieren Sie es aus!

* Den Bogen mehrfach komplett zerknüllen und wieder glatt streifen, dann über die Form legen. Wenn man nun einen kleinen Teller, der gerade in die Form passt, hineinlegt, kann man das Papier an den Rändern einfacher glätten und gleichmäßig überhängend festdrücken.

# Biskuit für alle Fälle

*Dieses Rezept begleitet mich, seit ich Erdbeerkuchen sagen kann. Freunde meiner Großmutter Luise besaßen einen Hof mit angrenzenden Beerenfeldern, und es verging keine Sommerwoche, in der wir die roten Früchtchen nicht körbeweise nach Hause gebracht haben.*

*Der Erdbeerkuchen, den meine Oma daraus backte, basierte nicht auf einem klassischen Obstboden, sondern auf diesem reichhaltigen Biskuit. Kein anderes Rezept konnte mich je zum Wechseln überzeugen und keines habe ich öfter weitergegeben.*

*In angepasster Version bildet dieses Rezept auch die Grundlage für den schnellsten Kuchen in meinem Backrepertoire – eine mit Konfitüre oder Gelee gefüllte Biskuitroulade. Vom ersten Handgriff beim Abwiegen der Zutaten bis zum Anschneiden ist sie in weniger als 30 Minuten zu schaffen. Aufgegessen ist sie – leider – noch schneller!*

# Biskuit für alle Fälle

**Zutaten für 1 Erdbeerkuchen, Obstkuchenform 26–28 cm Durchmesser**

### Teig
30 g Butter
optional: 1 Bio-Zitrone
4 Eier (L)
1 Prise feines Meersalz
100 g weißer Zucker
100 g Weizenmehl Type 405

### Belag
ca. 500 g frische Erdbeeren
1 Päckchen Tortenguss

### außerdem
Butter und Mehl für die Form

Aktiv: 30–40 Min.
Start-to-finish: 50–60 Min.
Backen: 13–16 Min.
Haltbarkeit: 2–3 Tage

### Zubereitung

**1.** Eine Obstkuchenform sorgfältig mit Butter einpinseln und bemehlen. Den Ofen auf 200 °C vorheizen. Butter in einem Pfännchen schmelzen und abkühlen lassen. Zitrone heiß abwaschen, trocken reiben und maximal ein Viertel der Schale fein abreiben (optional, gibt dem Biskuit aber einen dezenten Hauch von Zitrone).

**2.** Die Eier trennen und das Eiweiß mit der Prise Meersalz mit den Quirlen des Handrührgeräts oder dem Schneebesen der Küchenmaschine steif schlagen. In einer zweiten Schüssel (oder den Eischnee umfüllen und die ursprünglich benutzte Schüssel weiterverwenden) Eigelb, Zucker und abgeriebene Zitronenschale ebenfalls mit Quirlen oder Schneebesen 3 bis 4 Minuten aufschlagen, bis sie hell und cremig sind.

**3.** Die abgekühlte Butter kurz unterrühren. Nun das Mehl darüber sieben und nur so lange untermixen bis keine Mehlnester mehr zu sehen sind – die Masse ist jetzt dick und sehr zäh. Zum Auflockern etwa ein Drittel des Eischnees maschinell unterrühren, bevor man den restlichen Eischnee nach und nach von Hand mit einem Schneebesen unterhebt, damit die Biskuitmasse so luftig wie möglich bleibt.

**4.** Den Teig in der vorbereiteten Form glatt streichen, in den Ofen schieben (Mitte) und in 13 bis 16 Minuten hell backen (Kontrolle per Stäbchenprobe oder Kerntemperatur 92 °C). Herausnehmen, 2 bis 3 Minuten stehen lassen, dann auf eine Kuchenplatte stürzen. Vorm Belegen vollständig abkühlen lassen.

**5.** Während des Backens die Erdbeeren unter kaltem Wasser abbrausen und auf Küchenpapier gut abtropfen lassen, dann putzen, halbieren und passend auf dem Boden platzieren, von außen beginnend (die größten Beeren zuerst). In einem zweiten Durchgang die Lücken mit kleineren Vierteln füllen.

**6.** Den Tortenguss nach Packungsanweisung zubereiten, über den Erdbeeren verteilen und fest werden lassen. Wer mag, stellt den Kuchen noch ein wenig kalt. Mit Schlagsahne servieren.

### Schnelle Biskuitroulade

Ein Blech mit Backpapier auslegen und wie im Rezept oben aus folgenden Zutaten einen Biskuitteig zubereiten: 5 Eier (L), 1 Prise feines Meersalz, 100 g Zucker, 1 EL Pflanzenöl, 100 g Weizenmehl Type 405. Den Teig gleichmäßig dünn aufs Blech streichen, bei 200 °C in der Ofenmitte 9 bis 12 Minuten backen. Aus dem Ofen nehmen und auf ein mit Zucker bestreutes Geschirrtuch stürzen. Kurz mit einem feuchten Geschirrtuch bedecken, dann lässt sich das Backpapier leichter abziehen. Den Biskuit dünn mit 150 bis 200 g säuerlichem Gelee oder Konfitüre (ohne Stücke) bestreichen und von der kurzen Seite her aufrollen. Mit Puderzucker bestäuben und unbedingt sofort probieren!

# Streusel-quarkkuchen mit Früchten

*Ein Kuchen zum Essen aus der Hand, der alles hat, was ein Kuchenherz begehrt: einen saftigen Teig mit dünner Käsekuchenschicht, Früchte je nach Saison und knusprige Streusel. Meine Lieblingsvariante wird mit Johannisbeeren gebacken und findet immer reißenden Absatz bei unserem Hausfest. Da ich mich aber nie nur für eine Obstsorte entscheiden kann, unterteile ich den Kuchen einfach in Streifen – mit verschiedenen Früchten. So wird wirklich jeder glücklich.*

**Zutaten für ½ Backblech, ca. 16–20 Stücke**

**Streusel**

50 g Butter

100 g Weizenmehl Type 405

25 g weißer Zucker

25 g heller Muscovadozucker

¼ TL feines Meersalz (1,5 g)

**Quarkcreme**

35 g weißer Zucker

30 g Maisstärke

250 g Quark (20%)

75 ml Vollmilch

¼ TL Vanillepaste

**Früchte**

400–500 g geputzte Früchte (siehe Tipp)

**Teig**

150 g weiche Butter

150 g weißer Zucker

3 Eier (L)

175 g Weizenmehl Type 405

1 TL Backpulver

50 ml Vollmilch

Aktiv: 30–40 Min.

Start-to-finish: ca. 1½ Std.

Backen: 45–55 Min.

Haltbarkeit: gekühlt 3–4 Tage

## Zubereitung

**1.** Mit den Streuseln beginnen: Zuerst die Butter in einem kleinen Pfännchen schmelzen. Die restlichen Zutaten in einer Schüssel vermengen, dann die Butter darübergießen und mit einer Gabel zu groben Streuseln verrühren. Zum Festwerden in den Kühlschrank stellen.

**2.** Für die Quarkcreme zuerst Zucker und Stärke verrühren (so vermeidet man Klümpchen), dann die restlichen Zutaten mit einem Esslöffel oder Spatel unterrühren, bis die Creme eine glatte Konsistenz hat. Früchte unter fließend kaltem Wasser abbrausen, auf einem Tuch abtropfen lassen und je nach Sorte noch klein schneiden.

**3.** Nun den Ofen auf 180 °C vorheizen und eine rechteckige Backform (ca. 32 × 22 cm, das entspricht etwa einem halben Blech) mit Backpapier auslegen. Für den Teig Butter und Zucker mit den Quirlen des Handrührgeräts oder dem Schneebesen der Küchenmaschine cremig aufschlagen, dann die Eier einzeln zugeben und jeweils gut unterrühren. Mehl und Backpulver darübersieben und zusammen mit der Milch nur noch kurz glatt rühren.

**4.** Den Teig gleichmäßig dünn in die vorbereitete Backform streichen, darauf kommt die Quarkcreme. Nun folgen die Früchte, bevor man zuletzt die Streusel darüber verteilt. Den Kuchen in der Ofenmitte 45 bis 55 Minuten backen, bis die Streusel goldbraun sind (Kerntemperatur mindestens 92 °C). Aus dem Ofen nehmen und in der Form abkühlen lassen.

## Tipp

Je nach Obstsorte rechne ich mit 400 bis 500 g Früchten – bereits geputzt gewogen. Natürlich können Sie auch verschiedene Früchte auf einem Kuchen mischen. Meine erste Wahl sind Fruchtsorten mit einer gewissen Säure, wie Aprikosenspalten, Rhabarberstücke, entkernte (Sauer-)Kirschen, Mirabellenviertel, Pflaumenspalten, Heidelbeeren, Brombeeren und Johannisbeeren. Im Winter auch praktisch mit Tiefkühlbeeren zuzubereiten!

# SÜSS:
# Klein & fein

*Wer eine gut gefüllte Keksdose sein Eigen nennt und auch sonst gerne mal „nur einen kleinen Happen Süßes" nascht, der findet hier seine nächste Verführung: schokoladige Brownie-Cookies mit einem unwiderstehlichen Kern aus Erdnussbutter, puristische Sables Breton aus Frankreich, die mit ihren inneren Werten überzeugen, australische Haferflockenkekse mit extra „Chewiness", italienische Amaretti morbidi mit fantastischem Orangenaroma, kirschgefüllte Pop-Tarts aus selbst gemachtem Blitzblätterteig, Cream Puffs mit knusprigem Kakao-Craquelin oder zwei französische Meisterstücke – blättrige Kouign Amann aus dem Muffinblech und Cannelés mit feinem Rum-Vanille-Aroma!*

# Cannelés

**Zutaten für 12 Stück**

**Teig**

1 Ei (L)

2 Eigelb

115 g Mehl Type 405

180 g Zucker

¼ TL feines Meersalz (1,5 g)

450 ml Vollmilch

40 g Butter

1 TL Vanillepaste (alternativ Mark einer Schote)

2–3 EL Rum

optional: 5–10 Tropfen Rumaroma

**außerdem**

1–2 TL geschmolzene Butter für die Form

Aktiv: 20–30 Min.

Start-to-finish: min. 24 Std.

Backen: ca. 1 Std.

Haltbarkeit: am besten frisch

*Nur wenige Hobbybäcker versuchen sich an Cannelés: Stilecht werden sie in kleinen, mit Bienenwachs ausgegossenen Kupferförmchen gebacken. Günstige Silikonformen bleiben die typische dunkel karamellisierte Kruste schuldig. Erst die Anschaffung einer Carbonstahlform brachte bei mir die Wende – damit schmecken selbst gebackene Cannelés endlich wie in Frankreich. Trotzdem reagieren sie – ganz die Diva – schon bei kleinsten Veränderungen (etwa bei Füllmenge oder starkem Einfetten) mit einem „white butt" (wörtlich: weißer Po!). Tröstlich: Sie schmecken immer noch unvergleichlich gut!*

**Zubereitung**

**1.** Ei und Eigelb in einer größeren Schüssel (mindestens 1½ l) mit einem Schneebesen von Hand verrühren. Mehl, Zucker und Meersalz in einer anderen Schüssel gründlich vermischen. Milch, Butter und Vanillepaste in einem Topf erhitzen, bis die Mischung zu köcheln beginnt, dann vom Herd ziehen.

**2.** Nun 2 bis 3 EL der Mehlmischung zu den Eiern geben und mit dem Schneebesen glatt rühren, dann etwa ein Viertel der heißen Milchmischung. Es folgt die Hälfte der verbliebenen Mehlmischung, dann die Hälfte der verbliebenen Milchmischung – nach jeder Zugabe kurz glatt rühren. Zuletzt den Rest des Mehls und danach den Rest der Milch. Das genaue Prozedere hilft, Klümpchen zu vermeiden, und temperiert die Eier.

**3.** Es folgen Rum und optional Rumaroma (für besonders ausgeprägten Rumgeschmack), bevor man die Creme durch ein feines Sieb am besten direkt in ein großes 1-Liter-Einmachglas gießt und mindestens 24 Stunden (maximal 72 Stunden) im Kühlschrank reifen lässt. Dabei sollte man sie wenigstens einmal täglich mit einem Löffel durchrühren, bis sich die Schicht, die sich oben bildet, wieder vollständig aufgelöst hat.

**4.** Am Backtag den Ofen auf 230 °C Umluft vorheizen und die Form sehr dünn (!) mit der geschmolzenen Butter einpinseln. Den Teig noch mal glatt rühren, dann zum besseren Portionieren in einen kleinen Messbecher umfüllen und die einzelnen Förmchen 1 bis 2 cm unter den Rand füllen. In der Ofenmitte 10 bis 15 Minuten backen, dann Umluft ausschalten, die Temperatur auf 190 °C reduzieren und weitere 30 bis 40 Minuten backen. Ich hebe dann ein Cannéle kurz heraus (geht gut mit einem Holzspieß), und wenn die Unterseite (eigentlich ja oben) noch sehr hell ist, dann stelle ich die Form noch mal für 10 Minuten direkt auf den Boden des Backofens.

**5.** Herausnehmen und direkt aus der Form stürzen, wollen sie nicht, behelfe ich mir wieder mit einem Holzspieß.

# Anzac-Cookies

*Dürfte ich für den Rest meines Lebens nur noch eine Sorte Kekse essen, es wären diese australischen Anzac-Cookies. Früher wegen ihrer guten Haltbarkeit besonders vom australischen Militär geschätzt – Anzac ist eine Abkürzung für „Australian and New Zealand Army Corps" –, haben sie mittlerweile eine weltweite Fangemeinde. Fürs Militär waren sie noch knusprig durchgebacken, dabei schmecken sie noch leicht „chewy" so viel besser. Meiner Meinung nach der beste Frühstückskeks!*

**Zutaten für 1 Blech**

**Teig**

30 g Kokosöl
25 g Butter
35 g Golden Syrup*
¼ TL Natron
2 EL Wasser
75 g Weizenmehl Type 405
90 g heller Muscovadozucker
60 g grobe Haferflocken
40 g Kokosflocken
¼ TL feines Meersalz (1,5 g)

Aktiv: 20 – 25 Min.
Start-to-finish: 30 – 40 Min.
Backen: 12 – 13 Min.
Haltbarkeit: ca. 2 Wochen

**Zubereitung**

**1.** Kokosöl, Butter und Golden Syrup in einem kleinen Topf erhitzen, bis sich erste Bläschen zeigen, dann Natron und Wasser zugeben, kurz aufschäumen lassen und vom Herd nehmen.

**2.** Die restlichen Zutaten in einer Schüssel gut vermengen, dann die flüssigen Zutaten darübergießen und mit einem Esslöffel sorgfältig zu einer homogenen, klebrigen Masse vermengen. Diese etwa 10 Minuten aufquellen (und ein wenig fester werden) lassen. In der Zwischenzeit ein Backblech mit Backpapier auslegen und den Ofen auf 180 °C vorheizen.

**3.** Mit Löffeln kleine Häufchen in Größe einer Walnuss abstechen, zwischen den Händen zu Kugeln rollen, ein wenig flach drücken und in großzügigem Abstand zueinander auf das Blech setzen – sie gehen beim Backen ordentlich auseinander. Mein Blech ist mit 15 Keksen bis an den Rand belegt, ein kleiner Eiskugelformer (4 cm Durchmesser) hilft beim Portionieren.

**4.** Im Ofen auf der mittleren Schiene 12 bis 13 Minuten backen (siehe Tipp), die Ränder werden dann gerade braun, auch wenn sich die Cookies noch sehr weich anfühlen. Aus dem Ofen nehmen und ein paar Minuten auf dem Blech fest werden lassen, bevor man sie auf einem Kuchengitter vollständig abkühlen lässt. In einer Keksdose sind sie bis zu zwei Wochen haltbar.

* Traditionell werden Anzac-Cookies mit dem vor allem in Großbritannien populären Golden Syrup (aus Rohrzucker, etwa von Lyle's) zubereitet. Alternativ kann man den hellen Sirup von Grafschafter verwenden.

**Tipp**

Bei einem neuen Keksrezept nehme ich gern zum Ende der Backzeit hin im Minutentakt einzelne Kekse aus dem Ofen. So kann ich ohne großen Aufwand nach dem Abkühlen verkosten, welche Backdauer für mich (in meinem Ofen) das optimale Cookie-Ergebnis liefert. Notieren nicht vergessen!

# Cream Puffs mit Kakao-Craquelin

*Der klassische Windbeutel hat sich längst zum Trendgebäck gemausert und ist aus Patisserietheken nicht mehr wegzudenken. Kombiniert mit einem Keksteig, der beim Backen zu einem dekorativen Craquelin-Muster aufreißt und für den zusätzlichen Knusperfaktor sorgt, kann man davon unmöglich nur einen einzigen essen. Die aromatisierte Schlagsahne ist ein weiteres Highlight der Cream Puffs: Während die Kakaovariante eine bittere Note verleiht, möchte man die Erdnussbuttersahne am liebsten gleich mit einem Löffel naschen …*

# Cream Puffs

### Zutaten für 16–18 Minis

**Craquelin**

50 g Weizenmehl Type 405

50 g heller Muscovadozucker

1½ TL schwach entöltes Kakaopulver

40 g kalte Butter

**Brandteig**

50 ml Vollmilch

50 ml Wasser

50 g Butter

1 TL weißer Zucker

⅛ TL feines Meersalz (1 g)

65 g Weizenmehl Type 405

2 Eier (L)

**Füllung**

300 g Sahne

optional: ½ Päckchen Sahnesteif

2–3 TL weißer Zucker

2–3 TL schwach entöltes Kakaopulver

(alternativ 2–3 TL Erdnussbutter oder Nussnougatcreme)

Aktiv: ca. 1 Std.

Start-to-finish: ca. 1½ Std.

Backen: 22–25 Min.

Haltbarkeit: am besten frisch

### Zubereitung

**1.** Zuerst die Craquelin-Masse herstellen: Trockene Zutaten in einer Schüssel vermischen, die kalte Butter in Würfeln dazugeben und von Hand zu einer glatten Masse kneten. Zwischen zwei Lagen Backpapier 1 bis 2 mm dünn ausrollen und 30 Minuten im Gefrierfach fest werden lassen (auch 1 bis 2 Tage sind kein Problem).

**2.** Den Backofen auf 200 °C vorheizen und ein Blech mit Backpapier (oder einer Backmatte mit aufgedruckten Kreisen) auslegen. Für die Cream Puffs Milch, Wasser, Butter, Zucker und Salz in einem Topf aufkochen, bis die Butter geschmolzen ist, dann das gesamte Mehl auf einmal zugeben und mit einem Kochlöffel oder Gummispatel in 1 bis 2 Minuten zu einem Teigkloß rühren. Vom Herd nehmen, ein paar Minuten abkühlen lassen, nacheinander die beiden Eier unterrühren – mit dem Kochlöffel oder einem Handrührer –, bis der Teig glänzt und schwer vom Löffel fällt.

**3.** Den Brandteig in einen Spritzbeutel mit großer Lochtülle füllen und etwa 3,5 cm große Tupfen mit Abstand auf das Blech spritzen. Aus dem gefrorenen Craquelin-Teig etwas größere Kreise (4 bis 4,5 cm Durchmesser) ausstechen und mittig auf die Teigtupfen setzen.

**4.** In der Ofenmitte in 22 bis 26 Minuten backen, dabei nach 10 Minuten die Temperatur auf 180 °C reduzieren und die Ofentür bis zum Schluss geschlossen halten. Sie sollten knusprig durchgebacken sein. Zur Kontrolle eins anheben, die Unterseite sollte bereits goldbraun sein. Herausnehmen und auf einem Tortengitter abkühlen lassen.

**5.** Sie können gefüllt werden, sobald sie vollständig abgekühlt sind, dann sollte man sie aber auch bald vernaschen, da sie sonst ihre Knusprigkeit verlieren. Für die Füllung die Schlagsahne mit Sahnesteif, Zucker und wahlweise mit Kakaopulver, Erdnussbutter oder auch Nussnougatcreme steif schlagen. Mit einem spitzen Messer ein Kreuz in den Boden der Cream Puffs stechen, die aromatisierte Sahne in einen Spritzbeutel geben und die Cream Puffs damit füllen.

### Tipp

Zum Aufbacken schiebt man die ungefüllten Cream Puffs für 4 bis 5 Minuten in den 180 °C heißen Ofen, und sie werden wieder knusprig!

# Sables Breton

**Zutaten für 22–26 Stück**

**Teig**

100 g kalte Butter

¾ TL Maldon-Salzflocken* (2,5 g)

75 g weißer Zucker

¼ TL Vanillepaste

2 Eigelb (M–L)

160 g Weizenmehl Type 405

**Guss**

1 Eigelb (M–L)

1 Prise Salz

Aktiv: 30–40 Min.

Start-to-finish: ca. 1 Std.

Backen: 13–15 Min.

Haltbarkeit: ca. 1 Woche

*Haben Sie schon einmal gesalzene Karamellen aus der Bretagne probiert? Eine unwiderstehliche Nascherei! Das Konzept, Süßes mit gesalzener Butter oder Salzflocken zu verfeinern, hat die Patisserie weltweit im Sturm erobert. Und diese mürben französischen Butterkekse sind keine Ausnahme. Schnell gemacht und eher puristisch anmutend, überzeugen sie auf den ersten Bissen.*

**Zubereitung**

**1.** Die kalte Butter und die Salzflocken am besten mit der Küchenmaschine (Flachrührer) kurz glatt rühren. Ziel ist es, möglichst wenig Luft in den Teig einzuarbeiten, sonst geht er im Ofen unregelmäßig auf. Nacheinander Zucker, Vanille und die einzelnen Eigelb unterrühren, zuletzt das Mehl, bis gleichmäßige Brösel entstehen. Von Hand zügig zu einer geschmeidigen Teigkugel kneten. Wenn der Teig zu klebrig ist, mit etwas Mehl bestäuben.

**2.** Wer es nicht so eilig hat oder nicht gerne mit klebrigem Teig arbeitet, der formt den Teig zu einer 2 cm dicken Platte und legt diese in Frischhaltefolie gewickelt für etwa ½ Stunde in den Kühlschrank. Ich lege meist nur eine Hälfte in den Kühlschrank, während ich die andere weiterverarbeite.

**3.** Den Ofen auf 180 °C vorheizen und ein Backblech mit Backpapier auslegen. Gusszutaten in einem kleinen Schüsselchen glatt rühren. Wer ein helleres Ergebnis vorzieht, verdünnt den Guss noch mit 1 TL Wasser. Den Teig mit wenig Mehl bestäuben und zwischen Backpapier 5 mm dick ausrollen (Abstandhalterhölzchen sind eine tolle Hilfe). Runde Plätzchen ausstechen (5 bis 6 cm Durchmesser) und mit ein wenig Abstand auf dem Blech verteilen.

**4.** Ganz klassisch werden diese Sables mit dem Eigelb eingepinselt, bevor man mit Gabelzinken ein Karomuster kreiert: Dabei die Zinken vorsichtig über die Plätzchen ziehen, was zu Beginn ein wenig Übung erfordert. Oder man drückt ihnen ein Muster auf, dann allerdings BEVOR man sie mit Eigelb einpinselt: Böden geschliffener Gläser, geriffelte Plastikmatten oder Plätzchenstempel sorgen für außergewöhnliche Muster.

**5.** In der Ofenmitte für 13 bis 15 Minuten goldbraun backen (seit ich sie mal versehentlich zu lange im Ofen gelassen habe, weiß ich übrigens, dass sie mir einen Tick zu dunkel sogar noch besser schmecken!). Aus dem Ofen nehmen, auf einem Gitter abkühlen lassen und in einer luftdichten Dose aufbewahren.

* Salzgehalt ist eine sehr subjektive Angelegenheit, deshalb bezieht sich dieses Rezept explizit auf milde Maldon-Salzflocken. Bei anderen Salzflocken erst mit weniger Salz beginnen und nach eigenem Geschmack anpassen.

# Kouign Amann ...

*... ist ein klassischer französischer Butterkuchen mit Schichtstruktur und sehr viel Butter und Zucker. Inzwischen wird er auch in kleinen Tarteringen oder Muffinformen gebacken, was den Anteil seiner karamellisierten Kruste noch mal erhöht – Win-win auf allen Seiten und oft charmant als „Kouignette" betitelt.*

*Im Prinzip handelt es sich um einen Croissantteig, der zum Schluss noch mit viel Zucker laminiert wird. Nur leider stellt die erforderliche Butterplatte für viele eine Art Ausschlusskriterium dar, und so ein Rezept wird erst mal vertagt. Wenn man nun aber die Küchenmaschine (Schneideinsatz) zu Hilfe nähme, um die kalte Butter einzuarbeiten, ähnlich wie bei einem Blitzblätterteig? Eine geniale Abkürzung, die ich mir bei Irvin Lin (www.eatthelove.com) abgeschaut habe.*

*(Da die üblicherweise verwendete gesalzene Butter bei uns nicht überall verfügbar ist, verwende ich reguläre Butter und habe im Gegenzug den Salzanteil erhöht. Arbeitet man mit gesalzener Butter, so würde ich die Salzmenge etwa halbieren.)*

# Kouign Amann

### Zutaten für 12 Stück

**Teig**

60 ml Vollmilch (Zimmertemperatur)

18 g frische Hefe

300 g Weizenmehl Type 550

1¼ TL feines Meersalz (7,5 g)

200 g sehr kalte Butter

100 ml kaltes Wasser (15 °C)

**außerdem**

Butter für die Form

125–150 g weißer Zucker zum Laminieren des Teigs

Aktiv: 40–50 Min.

Start-to-finish: min. 4 Std.

Backen: 25–35 Min.

Haltbarkeit: am besten frisch

### Zubereitung

**1.** Milch und Hefe in einer kleinen Schale verrühren und ein paar Minuten anspringen lassen. Mehl und Meersalz in der Küchenmaschine mit dem Schneideinsatz vermischen. Etwa 70 g der Butter in kleinen Würfeln dazugeben und so lange in kurzen Intervallen mixen, bis keine Butterstücke mehr zu sehen sind. Restliche Butter in 1½ cm großen Würfeln zugeben und lediglich zwei- oder dreimal für eine Sekunde mixen – es müssen noch große Butterstücke sichtbar sein! Das Wasser mit der Hefemilch verrühren, dann zum Mehl gießen und wieder nur zweimal für eine Sekunde mixen.

**2.** Die Bröselmischung auf eine bemehlte Arbeitsfläche auskippen (1), mit den Händen zu einem Rechteck formen (2) und mit wenig Mehl bestäubt zu einem Rechteck (etwa 18 × 25 cm) ausrollen, dabei die Teigkarte zum Lösen von klebendem Teig nutzen. Wie einen Briefbogen zu Dritteln übereinanderfalten (1. Tour), mit der kurzen Seite zu sich drehen und diesmal auf etwa 22 × 35 cm ausrollen, bevor man die nächste Tour faltet (die Maße dienen nur als grobe Richtschnur). Den Teig, in Frischhaltefolie gewickelt, 1½ bis 2 Stunden im Kühlschrank reifen lassen, er wird etwas lockerer, geht aber nicht sichtbar auf.

**3.** Ein Muffinblech großzügig mit Butter einfetten. Etwa ein Drittel des Zuckers auf die Arbeitsfläche geben, dann den Teig aus dem Kühlschrank holen und mit beiden Seiten in den Zucker drücken. Der Teig wird wieder gefaltet und der Zucker durch das Ausrollen in den Teig gedrückt: Für die 1. Tour den Teig rechteckig auf etwa 30 × 40 cm ausrollen, dabei immer wieder mit dem restlichen Zucker bestreuen, wenn er anfängt zu kleben. Wie einen Briefbogen zu Dritteln übereinanderfalten. Die kurze Seite wieder zu sich drehen, erneut zu ähnlicher Größe ausrollen (Zucker nicht vergessen!) und wieder das obere und untere im mittleren Drittel übereinanderfalten. Nun zu einem Rechteck ausrollen, das nach Begradigen der Seiten noch 24 × 32 cm groß ist. Mithilfe eines Lineals und eines Pizzacutters in 12 Quadrate von 8 × 8 cm schneiden (3).

**4.** Die einzelnen Quadrate gefaltet ins Muffinblech setzen: Entweder man nimmt alle Ecken zur Mitte und setzt sie so in eine Vertiefung oder man faltet alle Seiten zur Mitte – erinnert ein wenig an das Himmel-und-Hölle-Spiel (4). Abgedeckt 45 bis 60 Minuten an einem warmen Ort gehen lassen, zum Ende hin den Ofen auf 200 °C vorheizen.

**5.** In den Ofen schieben (Mitte) und die Temperatur auf 180 °C reduzieren. In 30 bis 40 Minuten goldbraun backen, die Spitzen dürfen schon ein wenig dunkler werden. Aus dem Ofen nehmen und mit einer Gabel direkt aus den Formen heben – das entstandene Karamell wird sehr schnell wieder hart und dann ist es unmöglich, sie noch intakt aus der Form zu bekommen. Auf einem Gitter abkühlen lassen.

1

2

3

4

# Gefüllte Brownie-Cookies

*Dunkle Schokolade und Erdnussbutter sind eine himmlische Verbindung. Bei diesen brownieähnlichen Cookies sogar mit Überraschungseffekt, da sich die Füllung von außen nicht erahnen lässt. Der Clou ist ein herrlich formbarer Teig, in dem ein gefrorener Erdnussbutterkern versteckt wird!*

**Zutaten für 12 Stück**

**Teig**

60 g cremige Erdnussbutter
50 g gesalzene Erdnüsse
100 g Weizenmehl Type 405
25 g Kakaopulver, schwach entölt
¼ TL feines Meersalz (1,5 g)
¼ TL Natron
¼ TL Backpulver
50 g Bitterschokolade (min. 60 % Kakaoanteil)
75 g Butter
25 g weißer Zucker
75 g heller Muscovadozucker
1 Eigelb (M-L)
¼ TL Vanillepaste

Aktiv: 30-40 Min.
Start-to-finish: ca. 1½ Std.
Backen: 11-13 Min.
Haltbarkeit: bis zu 1 Woche

**Zubereitung**

**1.** Die gekühlte Erdnussbutter mithilfe von zwei Teelöffeln zu kleinen Häufchen (etwa 5 g) portionieren, auf einen Teller setzen und im Gefrierfach mindestens 1 Stunde fest werden lassen - länger ist kein Problem, umso einfacher lassen sie sich später verarbeiten. Die Erdnüsse im Blitzhacker oder Mörser zu relativ feinen Bröseln mahlen und in ein Schälchen geben.

**2.** Mehl, Kakao, Salz, Natron und Backpulver in einer Schüssel verrühren. Die Schokolade fein hacken. Die Butter in einem kleinen Pfännchen zerlassen, vom Herd nehmen, die Schokolade dazugeben und ein paar Minuten stehen lassen. Sobald auch sie geschmolzen ist, die Schokoladenbutter glatt rühren und kurz abkühlen lassen.

**3.** Die Schokoladenbutter, weißen und braunen Zucker, das Eigelb sowie die Vanillepaste in der Schüssel der Küchenmaschine kurz mit dem Flachrührer aufschlagen. Die Mehlmischung darübersieben und nur so lange unterrühren, bis die Masse eine gleichmäßige, zähe Konsistenz aufweist. Ist der Teig noch zu klebrig, um ihn von Hand zu Kugeln zu rollen, einfach für 30 Minuten in den Kühlschrank stellen.

**4.** Den Ofen auf 180 °C vorheizen und ein Backblech mit Backpapier auslegen. Den Schokoladenteig in zwölf gleich große Teile (etwa à 30 g) portionieren, dann erst die gefrorene Erdnussbutter aus dem Gefrierfach holen.

**5.** Ein Stück Schokoladenteig zwischen den Handflächen zügig zu einem Ball rollen, mit dem Daumen eine Vertiefung hineindrücken und diese mit einem Stück der gefrorenen Erdnussbutter füllen. Den Teig darüber gut verschließen, rund rollen und abschließend in den gemahlenen Erdnussbröseln wälzen, und diese zwischen den Handflächen andrücken. Mit Abstand auf das vorbereitete Blech setzen.

**6.** In der Ofenmitte 11 bis 13 Minuten backen, herausnehmen und auf dem Blech abkühlen lassen. Danach in einer Keksdose aufbewahren.

**Tipp**

Die Cookies lassen sich auch ohne Nussbrösel backen, dann kann man vor dem Backen noch ein paar Salzflakes für einen Extrakick darüberstreuen.

# Pop-Tarts mit Sauerkirschen

*Ein Blätterteig in 15 Minuten? Das geht tatsächlich. Hat man das Grundprinzip einmal verinnerlicht – zügig mit sehr kalten Zutaten arbeiten –, braucht es weder lange Ruhepausen zwischen den einzelnen Touren (d. h. rechteckig ausgerollter Teig wird wie ein Briefbogen zu Dritteln übereinandergefaltet) noch ein Lineal zum Ausmessen. Nicht umsonst heißt er auch Blitzblätterteig. Und bei den luftigen Schichten, die diese Teigtaschen im Ofen entwickeln, steht er dem richtigen Blätterteig in fast nichts nach!*

# Pop-Tarts mit Sauerkirschen

**Zutaten für 6 Stück**

**Füllung**

100 g entsteinte (TK-) Sauerkirschen

50 ml Kirschsaft (alternativ Wasser)

2–3 TL Zucker

¼ TL (Ceylon-)Zimtpulver

1 TL Maisstärke

**Teig**

125 g Weizenmehl Type 405

1 TL weißer Zucker

¼ TL feines Meersalz (1,5 g)

125 g sehr kalte Butter

50–60 ml Wasser (10 °C)

½ TL heller Essig (z. B. Weißweinessig)

**Finish**

1–2 EL Milch zum Einpinseln

Puderzucker

optional: Kirschsaft

Aktiv: 50–60 Min.

Start-to-finish: ca. 3 Std.

Backen: 20–24 Min.

Haltbarkeit: gekühlt 2 Tage

**Zubereitung**

**1.** Für die Füllung alle Zutaten in einem kleinen Topf gut vermengen, unter Rühren zum Köcheln bringen und eindicken lassen. Vom Herd nehmen, z. B. in ein kleines Einmachglas füllen und mindestens 2 Stunden kühl stellen.

**2.** Für den Teig Mehl, Zucker und Meersalz im Blitzhacker vermischen, alternativ von Hand zubereiten (S. 90). Sehr kalte Butter in 1,5 cm großen Würfeln sehr kurz im Blitzhacker einarbeiten – zweimal 3 Sekunden können bereits genügen, größere Butterstückchen sind erwünscht! Eiskaltes Wasser genau abmessen, Essig dazugeben, und erst mal 50 ml kurz unter den Teig mixen. Nur wenn die Bröselmasse noch sehr trocken wirkt, das restliche Wasser ebenfalls einarbeiten.

**3.** Die krümelig-klebrige Teigmasse auf einer bemehlten Arbeitsfläche mit wenigen Handgriffen zu einem dicken Rechteck drücken, das kaum zusammenhalten will, bemehlen, mehr oder weniger rechteckig ausrollen (15 × 22 cm reichen) und wie einen Briefbogen falten (1. Tour). Kurze Seite zu sich drehen und zu einem größeren Rechteck ausrollen, dann die 2. Tour falten. Wieder kurze Seite zu sich drehen, diesmal auf 20 × 30 cm ausrollen und die letzte Tour falten. Andrücken, dann in Frischhaltefolie gewickelt mindestens 1 Stunde kühlen.

**4.** Ein Backblech mit Backpapier auslegen und den Ofen auf 200 °C vorheizen. Den gekühlten Teig auf einer bemehlten Arbeitsfläche rechteckig ausrollen und die Ränder begradigen – mindestens 25 × 30 cm sollten es sein. Mithilfe eines Lineals in sechs identische Rechtecke (z. B. 12,5 × 10 cm) schneiden und diese auf dem Blech verteilen. Jeweils auf einer Hälfte der Rechtecke die Kirschfüllung platzieren (mindestens 2 cm Rand lassen), auf der anderen eine kleine Teigöffnung ausstechen (alternativ ein kleines Kreuz einschneiden), die Ränder mit ein wenig Wasser einstreichen, bevor man sie verschließt und z. B. mit Gabelzinken ein wenig andrückt.

**5.** Mit Milch einpinseln und auf der zweiten Schiene von unten in 20 bis 24 Minuten goldbraun backen, für ein gleichmäßiges Backergebnis das Blech zur Halbzeit einmal drehen. Aus dem Ofen nehmen und auf einem Kuchengitter abkühlen lassen. Wahlweise mit Puderzucker bestäuben oder Puderzucker mit Kirschsaft anrühren und sie damit beträufeln.

**Tipp**

Bei der Füllung kann munter variiert werden, Heidelbeeren oder karamellisierte Zimtäpfel eignen sich perfekt. Und man kann Pop-Tarts gut auf Vorrat zubereiten, statt in den Ofen auf dem Blech ins Gefrierfach schieben und anfrieren. Danach sind sie in einem Gefrierbeutel mehrere Wochen für spontane süße Gelüste einsatzbereit. Einfach backen wie oben beschrieben – die Backzeit verlängert sich um ein paar Minuten.

# Amaretti morbidi all'arancia

*Setzt man das Geschmackserlebnis in Relation zum geringen Aufwand sind Amaretti morbidi kaum zu schlagen. Sie sehen aus wie eben in einer italienischen Pasticceria entstanden und schmecken unverschämt luxuriös. Verantwortlich für ihr intensives Aroma ist eine ordentliche Portion frisch geriebener Orangenschale, mit dem ersten Bissen fühlt man sich beinah in einen Orangenhain versetzt …*

# Amaretti morbidi all'arancia

**Zutaten für 1 Blech, 10–12 Stück**

**Teig**

1 Bio-Orange (Schale und 1 TL Saft)

150 g geschälte Mandeln*

80–100 g weißer Zucker

⅛ TL feines Meersalz (1 g)

1 Eiweiß (30 g)**

**außerdem**

ca. 50 g Puderzucker zum Wenden

Aktiv: 20 Min.

Start-to-finish: 35–40 Min.

Backen: 15–17 Min.

Haltbarkeit: bis zu 1 Woche

**Zubereitung**

**1.** Die Bio-Orange heiß waschen, trocken reiben und ihre Schale hauchdünn abreiben, es sollten schon 5 g sein. Dann halbieren und 1 TL Saft auspressen – das geht auch ohne Presse einfach mit der Hand.

**2.** Die geschälten Mandeln* im Blitzhacker oder der Küchenmaschine fein mahlen. Zucker und Salz dazugeben und erneut mixen, zuletzt die abgeriebene Orangenschale und den Teelöffel Saft hinzufügen, bis eine gleichmäßig sandige Mischung entsteht.

**3.** Das Eiweiß** mit dem Schneebesen in einer Schüssel schaumig (nicht steif) aufschlagen. Die Mandel-Orangen-Mischung mit einem Esslöffel oder Gummispatel untermengen, bis eine homogene, klebrige Masse entsteht. (Man kann den Teig jetzt auch für 1 bis 2 Stunden abgedeckt in den Kühlschrank stellen, dann lässt er sich leichter formen.)

**4.** Den Backofen auf 180 °C vorheizen. Ein Backblech mit Backpapier auslegen. Puderzucker in ein kleines Schälchen füllen. Walnussgroße Portionen vom Teig abstechen, entweder mit einem Löffel oder mit einem kleinen Eisportionierer (4 cm Durchmesser). Zügig zwischen den Handflächen zu Kugeln rollen – wenn's arg klebt, helfen angefeuchtete Handflächen –, im Puderzucker wälzen und mit etwas Abstand zueinander auf das Blech setzen. Neben dieser klassischen runden Form gibt's auch eine Variante, die mit drei Fingern erzeugt wird: Drücken Sie mit Daumen, Zeigefinger und Mittelfinger die Kugeln auf dem Blech von drei Seiten her ein wenig zusammen.

**5.** Die Amaretti in der Ofenmitte 15 bis 18 Minuten backen. Sie fangen gerade an, am Rand zu bräunen, fühlen sich aber noch recht weich an. Am Anfang kostet es ein wenig Überwindung, sie so weich herauszunehmen, dafür wird man nach dem Abkühlen aber mit einer wunderbar weichen Konsistenz belohnt. Aus dem Ofen holen und auf dem Blech abkühlen lassen. In einem luftdichten Behälter kann man sie bis zu einer Woche aufbewahren.

* Amaretti morbidi lassen sich sowohl mit bereits gemahlenen geschälten Mandeln zubereiten als auch mit ganzen geschälten Mandeln oder Mandelstiften oder -blättchen (meist am einfachsten verfügbar). Diese werden einfach im Blitzhacker oder der Küchenmaschine zu feinem Mandelmehl gemahlen – nur nicht zu lange, sonst werden sie ölig.

** Die genaue Eiweißmenge ist hier tatsächlich wichtig, weil der Teig schon bei 5 g Unterschied nicht mehr formbar ist.

# Register

## SALZIG:
Brot & Brötchen


Bagels 38
Brotzeitstangerl 49
Kartoffelfocaccia 26
Kerniges Vollkornbrot 46
Kornspitze 20
Kürbiskernkrustis mit Haferflocken 30
Persische Fladenbrote 42
Schleus' Semmeln oder Pane Ticinese 36
Shokupan – japanisches Sandwichbrot 24
Topfbrot mit Sauerteig 32


## SALZIG:
Sattmacher


Curry-Karotten-Galette 52
Flammkuchen 56
Gefüllte Naan 62
Pide mit Hackfleischfüllung 58
Pinsa Romana 64
Pizza neapolitanischer Art 74
Zweierlei Gemüsestrudel 68
Zwiebelkuchen 72


## SALZIG:
Snacks


Bärlauch-Biscuits 86
Biscotti-Cracker 94
Blättrige Käsestangen 88
Gougères 98
Knoblauchbrot zum Zupfen 80
Lavash-Cracker 82
Maisbrot-Muffins 93
Pita – Fladenbrot & Chips 100


## SÜSS:
Für den Frühstückstisch


Buttermilchtoast 123
Challah mit Kartoffel 112
Croissants 118
Ensaimadas 124
Haferflockenriegel mit Pflaumen 110
Kanelbullar & Zimtschnecken 106
Kürbiskuchen mit Gewürzen 116
Malzkaffee-Babka 134
Milchteebrötchen mit Rosinen 128
Scones 130


## SÜSS:
Kuchenklassiker


Apfelkuchen 148
Biskuit für alle Fälle 162
Burnt Basque Cheesecake 160
Carrot Cake 155
Nuss-Schoko-Kuchen Barney 142
Pflaumentarte 144
Streuselquarkkuchen mit Früchten 166
Tarte Tatin 156
Tres Leches Kuchen 138
Zitronentarte 150


## SÜSS:
Klein & fein


Amaretti morbidi all'arancia 190
Anzac-Cookies 173
Cannelés 170
Cream Puffs mit Kakao-Craquelin 174
Gefüllte Brownie-Cookies 185
Kouign Amann 180
Pop-Tarts mit Sauerkirschen 186
Sables Breton 178

## A

Amaretti morbidi all'arancia 190
Anstellgut (ASG) 12, 23, 35, 80
Anzac-Cookies 173
Apfelkuchen 148
Ausrüstung 8
  Abstandhalter 10
  Bäckerklinge 10
  Bäckerleinen 10
  Backformen 9
  Backmatte 10
  Backstein 8
  Blitzhacker 8
  Brotschieber 8
  Dampfschale 10, 15
  Eisportionierer 10
  Gärkörbchen 10
  Küchenmaschine 8
  Messer 10
  Paletten 10
  Rollholz 10
  Schüsseln 10
  Silikonspatel 10
  Spritzbeutel 10
  Teigkarte 10
  Thermometer 9
  Timer 10
  Waage 9

## B

Babka1 34
Bagels 38
Bärlauch-Biscuits 86
Biscotti-Cracker 94
Biskuit 138, 162
Biskuitroulade 162
Blätterteig 88
Blitzblätterteig 8, 88, 90, 130, 156, 180, 186
Brandteig 10, 98, 177
Brot & Brötchen 19
  Bagels 38
  Brotzeitstangerl 49
  Kartoffelfocaccia 26
  Kerniges Vollkornbrot 46
  Kornspitze 20
  Kürbiskernkrustis mit Haferflocken 30
  Persische Fladenbrote 42
  Schleus' Semmeln oder Pane Ticinese 36
  Shokupan – japanisches Sandwichbrot 24
  Topfbrot mit Sauerteig 32
Brotzeitstangerl 49
Brownie-Cookies 185
Brühstück 23, 24, 46
Burnt Basque Cheesecake 160
Buttermilchtoast 123

## C

Cannelés 170
Carrot Cake 155
Challah mit Kartoffel 112
Cream Puffs mit Kakao-Craquelin 174
Croissants 118
Curry-Karotten-Galette 52

## D

Dampf 15
Dampferl 115, 127

## E

Ensaimadas 124
Entschwaden 15
Erdbeerkuchen 162

## F

Falten (stretch & fold) 14
Flammkuchen 56
Focaccia 26
Frühstück 105
Für den Frühstückstisch 105
  Buttermilchtoast 123
  Challah mit Kartoffel 112
  Croissants 118
  Ensaimadas 124
  Haferflockenriegel mit Pflaumen 110
  Kanelbullar & Zimtschnecken 106
  Kürbiskuchen mit Gewürzen 116
  Malzkaffee-Babka 134
  Milchteebrötchen mit Rosinen 128
  Scones 130

# G

Gemüsestrudel 68
  Kartoffel-Kürbis 71
  Spitzkohl 71
Gougères 98

# H

Haferflockenriegel mit Pflaumen 110

# J

Japanisches Sandwichbrot 24

# K

Kanelbullar 106
Karottenkuchen 155
Kartoffelfocaccia 26
Käsekuchen 160
Käsestangen 88
Klein & fein 169
  Amaretti morbidi all'arancia 190
  Anzac-Cookies 173
  Cannelés 170
  Cream Puffs mit Kakao-Craquelin 174
  Gefüllte Brownie-Cookies 185
  Kouign Amann 180
  Pop-Tarts mit Sauerkirschen 186
  Sables Breton 178
Kneten 14
Knoblauchbrot zum Zupfen 80
Kornspitze 20
Kouign Amann 180
Kuchenklassiker 137
  Apfelkuchen 148
  Biskuit für alle Fälle 162
  Burnt Basque Cheesecake 160
  Carrot Cake 155
  Nuss-Schoko-Kuchen Barney 142
  Pflaumentarte 144
  Streuselquarkkuchen mit Früchten 166
  Tarte Tatin 156
  Tres Leches Kuchen 138
  Zitronentarte 150
Kürbiskernkrustis mit Haferflocken 30
Kürbiskuchen mit Gewürzen 116

# L

Lavash-Cracker 82

# M

Maisbrot-Muffins 93
Malz 12, 23, 30, 36, 40
Malzkaffee-Babka 134
Meringue 10, 150
Milchteebrötchen mit Rosinen 128

# N

Naan, gefüllt 62
Nan-e Barbari (Persisches Fladenbrot) 42
Nuss-Schoko-Kuchen Barney 142

# P

Pane Ticinese 36
Persisches Fladenbrot 42
Pflaumentarte 144
Pide mit Hackfleischfüllung 58
Pinsa Romana 64
  Pinsa BüMo 66
  Pinsa Salsicca 66
  Pinsa Veggie 66
Pita 100
  Chips 103
  Fladenbrot 103
Pizza 74
Poolish 36, 49
Pop-Tarts mit Sauerkirschen 186

# R

Reifegrad 15

# S

Sables Breton 178
Salzig 19, 51, 79
  Brot & Brötchen 19
  Sattmacher 51
  Snacks 79
Sandwichbrot 24
Sattmacher 51
  Curry-Karotten-Galette 52
  Flammkuchen 56
  Gefüllte Naan 62

Pide mit Hackfleischfüllung 58
Pinsa Romana 64
Pizza neapolitanischer Art 74
Zweierlei Gemüsestrudel 68
Zwiebelkuchen 72
Sauerteig 12, 32, 46, 85
Schleifen 14
Schleus' Semmeln 36
Schwaden 15
Scones 130
Shokupan 24
Snacks 79
Bärlauch-Biscuits 86
Biscotti-Cracker 94
Blättrige Käsestangen 88
Gougères 98
Knoblauchbrot zum Zupfen 80
Lavash-Cracker 82
Maisbrot-Muffins 93
Pita – Fladenbrot & Chips 100
Streuselquarkkuchen mit Früchten 166
Süss 105, 137, 169
Für den Frühstückstisch 105
Klein & fein 169
Kuchenklassiker 137


# T


Tarte Tatin 156
Temperatur 13
Topfbrot mit Sauerteig 32
Tres Leches Kuchen 138
Triebmittel 12


# U


Übergare 15
Untergare 15


# V


Vollkornbrot 46
Vorwort 5


# Z


Zimtschnecken 106
Zitronentarte 150
Zutaten 10
Backnatron 12
Backpulver 12
Brot 12
Gebäck 12
Hefe 11
Kekse 12
Kuchen 12
Malz 12
Mehl 11
Salz 11
Sauerteig 12
Semmeln 12
Triebmittel 12
umrechnen 10
Wasser 12
Zucker 12
Zwiebelkuchen 72

## ZUR AUTORIN

Als Nicole Stich 2006 vom TIME Magazine für ihren Blog delicious days (deliciousdays.com) ausgezeichnet wurde, war es längst um sie geschehen – die Kulinarik ließ sie nicht mehr los. Damals noch Pionierin im Bereich des Foodbloggens, unterstützte sie Verlage beim Aufbau ihres digitalen Angebots und begann, an ihren eigenen Kochbüchern zu arbeiten. Sie ist als freiberufliche Autorin, (Food-) Fotografin und Rezeptentwicklerin tätig, hat bereits mehrere Bestseller veröffentlicht und wird unruhig, wenn sie weniger als drei Päckchen Butter oder zwölf Eier im Kühlschrank vorfindet. Aufgewachsen mit einer Großmutter, die auch am späten Samstagabend noch für die Enkelin gebacken hat – das prägte für's Leben.
Sie sieht sich als reine Genussesserin, findet Dogmatismus beim Thema Essen überflüssig und könnte sich niemals entscheiden, ob sie denn eigentlich lieber kocht oder backt. Das zeigt sich auch anhand ihrer Kochbücher, die so vielfältig sind wie ihre Küche: von globusumspannender Reiseküche über Geschenkideen aus der Küche bis zu den besten Rezepten für süße Schleckermäuler oder einem authentischen Status Quo der Asienküche Singapurs. Und die nächste Idee wartet bereits...

## IMPRESSUM

**Hinter jedem tollen Buch steckt ein starkes Team**

Projektleitung: *Marc Strittmatter, ppp.services, Freising*
Texte: *Nicole Stich*
Lektorat: *Renate Nöldeke für ppp.services*
Gestaltung: *Stefanie Wawer Grafik & Illustration, Münster*
Satz: *ppp.services*
Fotografie: *Nicole Stich*
Herstellung: *Frank Jansen*
Producing: *Jan Russok*
Druck & Bindung: *optimal Media GmbH, Röbel*



1. Auflage 2021

Kaiserstraße 14 b
D-80801 München
ISBN: 978-3-96584-137-6

## FOOD FOTOS

Im Buch enthaltene Fotos können zur eigenen Nutzung erworben werden unter ***www.stockfood.de***

**Weitere Bücher der Autorin bei ZS:**

→ Shiok Singapur

## LIEBE LESER*INNEN

wie schön, dass Sie ein Buch von ZS in den Händen halten. „jetzt leben!“ ist das Motto unseres Verlages. Es steht für Genuss und Inspiration, Unterstützung und Motivation. Ob Kulinarik oder Fitness, Gesundheit oder Lebenshilfe – seit über 30 Jahren bieten wir kompetente Ratgeber für (fast) alle Lebenslagen. Wir lieben Tradition genauso wie Innovation – sie treiben uns an. Unsere Autor*innen sind Menschen, die zu ihrem Thema wirklich etwas zu sagen und zu schreiben haben. Unsere Produkte sind erzählerisch, appetitmachend und als gedruckte Bücher haptisch echte Erlebnisse. Für Sie mit ganz viel Liebe gemacht! Entdecken Sie mehr aus unserer wunderbaren Welt!

## UNSER VERLAGSHAUS

Mit Standorten in München, Hamburg und Berlin zählt die Edel Verlagsgruppe zu den größten unabhängigen Buchanbietern Deutschlands. Zur Edel Verlagsgruppe gehört unter anderem ZS mit seinen Lizenzmarken Dr. Oetker, Kochen & Genießen und Phaidon by ZS.

**ZS - Ein Verlag der Edel Verlagsgruppe**
**www.zsverlag.de**
**www.facebook.com/zsverlag**
**www.instagram.com/zsverlag**

## FÜR DIE UMWELT

ZS unterstützt bei der Produktion dieses Buches das Projekt „Junge Riesen für die nächsten 100 Jahre“ im Naturpark Nossentiner/Schwinzer Heide. Damit wird ein Anteil der unvermeidbaren $CO_2$-Emissionen im direkten Umfeld des Produktionsstandortes kompensiert.

PARTNER
Naturpark Nossentiner / Schwinzer Heide
www.optimal-media.com/naturschutzprojekt-001

## NEWSLETTER

Ab sofort keine kulinarischen Trends mehr verpassen und gleichzeitig einen Kochkurs mit einem Spitzenkoch von ZS gewinnen?

Melden Sie sich jetzt beim ZS Newsletter an und bleiben über neue Bücher, Themenschwerpunkte und News immer informiert.

ANMELDEN!

Jetzt anmelden unter:
***www.zsverlag.de/newsletter***

GEWINNEN

Unter allen Neuabonnierenden verlosen wir jeden Monat *10 neue Bücher* und jährlich einen *Kochkurs* mit einem Spitzenkoch von ZS.